須賀哲夫 著 Tetsuo Suga

# 実験心理学を
# リフォームする

●理論心理学からの提言

北大路書房

## ● まえがき

　本書は実験心理学の現状をふりかえり，その限界を乗り越えるため，リフォームすることを試みようとするものである。

　実験心理学者は臨床心理学を評価できない。もし逆も真ならば，臨床心理学者は実験心理学を評価できない。実験心理学と臨床心理学の関係は，基礎医学と臨床医学の関係に似ているだろうか。もし似ているというなら，それは誤りである。

　基礎医学はさまざまな分野に細分化され，専門化されている。実験心理学もさまざまな分野に細分化されている。類似はそこまでのことである。基礎医学は臨床医学の最前線の問題に進んでかかわろうとする。しかし，実験心理学は臨床心理学の問題に進んでかかわろうとするだろうか。基礎医学は臨床医学的な現象すべての正常－異常の関係を解明しようと努める。実験心理学は臨床心理学的な現象のすべてを解明しようとするだろうか。もしそうだという実験心理学者がいるなら，そのひとは「たぐい稀な」ひとではないか。

　実験心理学は「科学」を自称するが，実は科学とはいいにくいものである。

　科学者の仕事が成功する様式は2つに分けられる。

　ひとつは万人の興味をひきつけるようなめざましい事実を確定することである。芸術一般と同じである。これに成功すれば後世のテキストにも名を残すことができる。ルビンの杯で知られる心理学者がどんな理論家だったか知るひとは稀であって，ルビンというその学者名がその作品でテキストに残るだけである。フェルメールやグルックなどもどんな思想をもっていたのか知るひとは稀である。かれらもまたその作品で名が知られるだけである。H. ワラッハ，G. ヨハンソン，G. カニッツァ，J. J. ギブソン，T. パワー，B. ユレス，鷲見成正などの「芸術家」を生んだ知覚心理学は今は衰退しき

っている。知覚研究は脳生理学に（正確にいえば脳生理学の一部分に）呑み込まれてしまいつつある。

この観測はわたし固有のことではない。森川和則氏（森川, 2010）はつぎのように述べている。「視知覚の心理学は……『脳科学』を名のっている。この傾向が続くと心理学はバラバラの専門分野に分解し，他の学問分野に吸収され消滅しかねないと私は懸念している。」

科学的成功にはもうひとつの様式がある。それはありふれた事実にめざましい説明理論を与えることである。フロイドは乳幼児期の記憶の想起不能性を自我の未熟によって説明しようとした。臨床心理学はこの理論志向の様式を辛くも保持しようとしている。実験心理学にこの様式があるのだろうか。そうだ，という実験心理学者がいるなら，そのひとは失礼ながら迂闊なひとである。

この観測もまたわたし固有のことではない。やまだようこ氏（やまだ, 2010）は述べている。「科学の重要な役割は……個々の具体的な知識を得るだけではない。それらを体系化する理論が必要になる。」

本書は上のような問題を解きほぐそうとする。本文中に注が小さな文字で挿入されているが，面倒ならこれを読み飛ばしても議論の主旨を把握するうえでさしつかえはない。

読者としては，科学や心理学に興味をもつ一般の人びとを想定している。心理学専攻のひとにもお読みいただけるなら幸いである。とりわけ，認識論的な問題で（就職問題とか学内政治問題とかの社会的な問題ではなく，という意味だが）不全感をもつ心理学者，専門家になりきっていない心理学専攻の学生のお役に立てればと願っている。

須賀哲夫

# ● 目　次

まえがき　i
第 1 章　実験心理学への社会的ネグレクト　　001
第 2 章　実験心理学の要件　　013
第 3 章　理論の役割　　021
第 4 章　例題の追加的分析と結論―理論的科学によるリフォーム　041

 1　言語学習の敏感期について／2　有限個の語彙からつくられうる文集合の無限性について／3　異性に惹かれるのは本能によるということについて／4　児童画の構造と機能について（最大対比の原理）／5　顔の静止画像の表情検出をめぐって／6　反証主義（仮説を反証はできても証明はできないという主張）をめぐって／7　結論―理論科学の建て増しによるリフォーム

第 5 章　理論心理学からの提言（1）―臨床心理学と実験心理学を理論心理学の視点からふりかえる　　065
第 6 章　理論心理学からの提言（2）―「ことば－本能」仮説を理論的に検証する：MLAS の事例から　　081

 1　その目標／2　その事前の言語知識／3　MLAS の生活世界／4　MLAS の生活経験／5　言語学習の原理／6　統語の学習／7　意味の学習／8　残されている諸問題

引用・参考文献　　121
さくいん　　123
あとがき　　128

# 実験心理学への社会的ネグレクト

## 第1章

　実験心理学の支持者はおおむね実験心理学者に限られるようである。一般人，マスメディア，その他どこでも実験心理学は臨床心理学にくらべてたいへん不人気である。

　実験心理学になにか不具合があるのだろうか。もしあるならその不具合をリフォームしたいものである。そのためには（家のリフォームをする場合と同じことで）実験心理学の成り立ちをよく検分しなければならない。

　そこで，実験心理学的研究の具体的ヒナ型をなにかひとつ共有して，それをもとに話を進めるという方策をとることにしよう。ヒナ型はなんでもよいので選択に困るのだが，心的回転（Mental Rotation）の研究は，内容が（条件制御の点でも結果の再現性の点でも）しっかりとして美しいので，このアイディアを借りて議論を進めることにしていこうと思う。

① 実世界のモノ（たとえばボールペン）を上向きから右向きに変えるには連続した移動を行わなければならない。実世界の運動では，ディジタル画像を上向き画像から右向き画像に切り換えるのとは異なり，スタート点からゴール点まですべての位置を経る。この場合は移動距離が大きいほど移動時間はのびることになる。上向きから右向きに変える所要時間より，上向きから下向きに変える所要時間のほうが長くなる（これを実移動の連続性と所要時間の加算性と呼ぼう）。
② イメージのなかで，あるモノの向きを変えるのも同じことになるのだろうか。イメージを思い浮かべて試してみると，まったく同じであることが（主観的に）納得される（これを心的移動の連続性と呼ぼう）。
③ 心的移動の場合も加算性があるのだろうか。仮説的に「心的移動には加算性がある」としよう。これを実験的に検証する段取りはつぎのようになるだろう。

● 問題意識：実移動と心的移動は同型なのか？
　仮説：「心的移動には（実移動と同じく）加算性がある」
　実験：図のような異同判断課題を与えて判断の反応時間を測定する。
　　（図 1 – 1）
　予測：「仮説が正しければ，移動が大きいほど反応時間が長い」という結果になる。

以上は 1970 年代にシェパードら（Shepard & Metzler, 1971）によって研究された心的回転の図式的な要約である。これは実験心理学の研究がどのように行われるかということの図式的サンプルである。シ

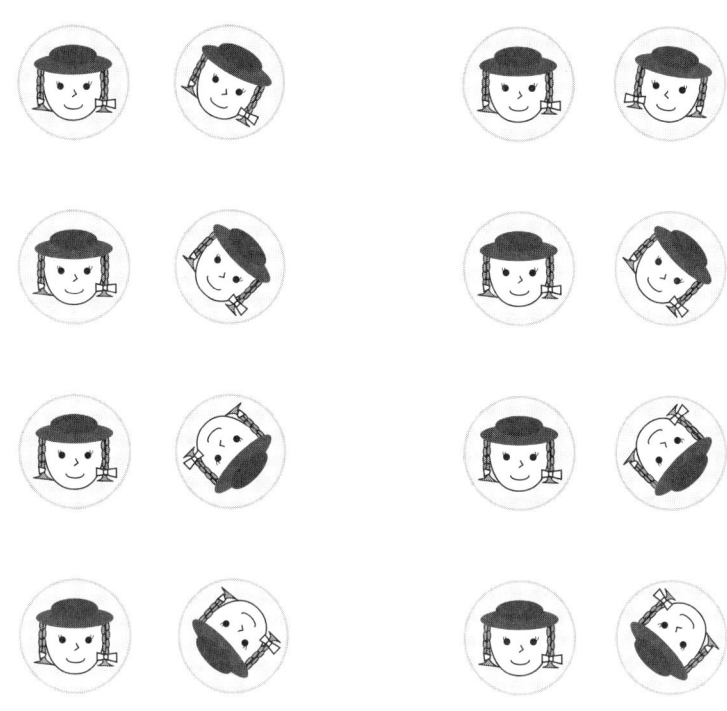

**図1-1** 異同判断課題(回転角の大きいペアは反応時間が長くなる)

ェパードらの研究ではモノの3次元的回転が用いられているが、ここでは2次元平面上の回転に単純化した図式で例示している。

　図式的サンプルであると断るのには理由がある。ここでの問題はシェパードらの一連の研究内容それ自体ではない。そうではなくて、これをヒナ型として実験心理学の研究形式を吟味するのであり、そこに潜んでいる論点をえぐり出すことなのである。

いかなる研究もその発端としてなにかの問題があるものである。では，心的回転という実験的研究の背景にはいかなる問題が伏在しているのだろうか（シェパードらが考えたこととは独立に考えるものとする）。

　　★★ 注1-1 ……………………………………………………………………
　　　本文の筋を追うためには，以下の文字サイズが小さいところ（注の部分）は読みとばしていただいてもよい。
　　**実世界－心的世界の同型性理論**：単純な同型性はおそらく成立しない。この研究をもじって別の課題をサンプルとすることも考えられる。単語（あるいは文節）のなかに，特定のシラブルがあるかどうかをすばやく答える課題（"ren" が "Schizophrenia" のなかにあるか）を想定しよう。実在の文字列で実験しても，音声で与えられた語の文字列イメージで実験してもどちらでも，後方のシラブルのほうが時間を要する，ということが予測される。もっともこの課題では，1文字ごとで距離を測るという方法には疑問がある。読み取りは3または4文字単位で進むからである。

　距離が長いほど移動に要する時間は長いという点で，心的移動が実世界内移動と類似の特性をおびるという理論（実世界－心的世界の同型性理論）があってもよいであろう。そしてその理論を構想したひとが，理論の妥当性を実験的に確かめようとしてこのような実験に乗り出したとしても不思議ではないだろう。だが実験心理学者の発表する論文では研究の発端として伏在していた研究者個人の疑問は伏せられたままということがありうる。なぜなら実験心理学は「仮説とその実験的検証（反証）」を規格とするからである。
　研究が仮説から出発するとは限らない。「回転角が大きいと難しい」ということに気づいてすぐ確認のためのパイロット・スタディにとりかかり，結果が予期どおりになりそうな見通しを得て，この実験のた

めにどんな仮説を設ければよいか，という段取りでも研究発表はできるのである。いずれにせよ，仮説としては「AならBである」ということが想定され，それが成り立つだろうか，というのが実験の眼目になる。

　心理学研究を専門としない人びとも日常生活の折々に心理学的な問題を考えるものである。簡単にするため，以下ではこれを**日常人**とか**日常人の問題**とか呼んでいくことにする。ところで，日常人の場合はこのような仮説と検証という規格を気にする必要がない。実験を強制されることがないので，生活の折々に自由に疑問を展開し，問題解決をさぐることができる。問題は解決できるとは限らず，むしろ解決できないで放置されることのほうが多いのかもしれない。

　たとえば，一緒に風呂に入ったある親子（父と5歳の子）の逸話をみてみよう。

　　父「いくつ数えたら出ることにしようかな」
　　子「ヒャクまで」
　　父「君が知っているいちばん大きな数はなに」
　　子「……，マンヒャク」
　　父「ずいぶん大きな数だね。……。そうだ，数がぜんぶ終わるまで数えたら出ることにしようよ」
　　子「それじゃ，お風呂から出られないよ」
　　父「なんで」
　　子「だって，数には終わりはないもん」
　　父「なんで，数に終わりがないって，わかるの」
　　子「だって，ずうっと数えていって，マンヒャクまでいっても，もうひとつ増えられるから」
　　父「なるほどそうか。じゃ，百まで数えて出ることにしよう」

このようにして，日常人の間でしばしば問題が自然発生する。それはただ発生しただけに終わったり，どうかすると解決されたり，さらなる問題に発展したりもする。この場合，父親がつぎのような疑問をもっても不思議とはいえない。

『やっと百まで数えられるようになったばかりの子どもが，数の無限性をしっかり理解できることにはビックリだ。人間は無限ということを本能的に知っているみたいだ。そうでないとしたら，いったいどんな契機で理解できたのか。』

この父親の問題は2つにまとめられる。

① 根問い：「子どもはどのようにして無限ということの理解をもつのか」
② 仮説：「子どもは無限ということを本能に基づいて知っている」

実験心理学者は②の仮説を検証（または反証）するためにどんな実験をデザインできるだろうか？　これにふさわしい実験を想定することはたいへん難しいのではないか。

①の根問いには実験心理学者としては応答できない。「なぜ」とか「のようにして」とかいう問いが要求するのは理論的説明だからである。理論があればそこから仮説を加工する可能性が生まれる。ただし，仮説さえあれば実験的検証ができることは保障されない。

かくして，生活のなかで日常人が自由気ままに発生させるさまざまな疑問には，実験心理学者に手の出しようもないものがたくさん含まれることとなる。日常的問題には実験で対処できるような構造をもっていないものがたくさんあり，わけても「なぜ」「どのようにして」

型の理論的な対応を求める疑問がたくさんあらわれるからである。実験心理学者は実験で対処できる問題に取り組むのである。だが日常人は実験という規格にとらわれず，根掘り葉掘り疑問を掘り起こす。このような根問いに答える心理学があるとすれば，それは理論心理学と呼ぶべきであろう。日常人は理論的な研究に傾きやすいのである。

　心理学の現状は根問いに答える理論心理学をもたないだけではない。上記の仮説について実験的検証（反証）を行う実験がデザインできるか，というのは深刻な問題である。もう一度くりかえせば，このように検証も反証も実験手続きを想定するのが困難な場合，実験心理学者はそれを研究できないのである。しばしば，実験心理学者は仮説から実験手続きを工夫するよりも，まず，先人の行ってきた実験パラダイムに修正を加えた手続きを考え，これがどんな仮説の検証実験となりうるかを吟味して研究に乗り出す。このような行き方だと研究がうまくいく安全性が高いのである。安全性は高いが，ひきかえに，研究成果はマイナーなものになりやすい。仮説が設定されさえすれば実験心理学者の仕事が生まれるという保障はない。そのなかの実験できるような仮説だけが選ばれ，そうでない仮説は捨てられるのである。その結果，日常人の考える難度の高い問題は「科学」を標榜する実験心理学者の研究領分をはるかに越えた広がりをもつこととなる（図1-2）。

　注意すべきことがある。図1-2のようなことは科学一般にあることではなく，実験心理学に特有のことなのである。夏休みのラジオ番組に子どもたちの宿題を手伝うための「子ども電話相談室」というのがあるのをご存知だろうか。子どもたちの質問は「夕焼けの空が赤いのはなぜですか」というような頻発型のものばかりでなく，大人の意表をつくようなものも多くて，聴いていて退屈することのない番組である。車を運転するときなどに聴きながらいつもわたしの気になることは，4，5人いる回答者のなかに実験心理学者のいたためしがない，

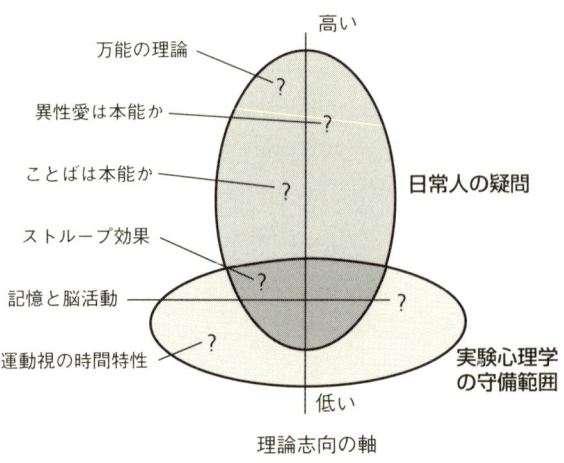

**図1−2** 実験心理学は日常人の疑問に答えられるのか

ということである。

　子どもたちの興味は外の世界に向いていて，こころや行動に向く度合いが低いというような事情があるのかもしれない。しかし子どもたちの質問が実験心理学者のレパートリーに収まりにくくて応答しにくい質問だから，ということも考えられるのではなかろうか。図1−2の「日常人の疑問」部分に属するような質問には理論的な解答を必要としていて，実験心理学的には対応できないものがある。そのような問題が以下で考察するように少なくないのである。

　子どもたちの質問のなかには「イジメがあるのはなぜか」というような実験心理学者に答える用意のないものが多いかもしれない。そのような質問はディレクターによって選別され，別の番組（育児や親子関係をめぐる相談番組など）にまわされてしまうのかもしれない。このような育児や親子関係をめぐる相談番組にまで視野を広げると，心

理学者がテレビ・ラジオの相談番組に出ることはむしろ頻繁に見られるのだが，ここでもまた実験心理学者が出演することは稀有である。心理学はそもそものはじめから，実験心理学と臨床心理学とに２大別されてきている。そして「相談番組」に出るのはほとんどが臨床心理学者に限られるのである。

★★ 注1-2

心理学辞典や各種のテキストから大学の学科構成にいたるまで，心理学の分類は以下のようである。

・オーソドックスな分類

**臨床心理学**：カウンセリングなど，ふつうのひとがイメージする心理学

**実験心理学**：科学的心理学を自称する心理学者たちの心理学

・参考のために，わたし流のもっとくだけた分類を示す。

**ウェット・サイコロジー**（研究ベースは日常人の生活と人間関係─臨床心理学に対応）

**ドライ・サイコロジー**（研究ベースはいきもの一般の行動法則─実験心理学に対応）

**スーパードライ・サイコロジー**（研究ベースは計算と情報処理─認知科学に対応）

ちなみに，この３分野の特徴を理解するために，「あなたにとって，人間とは何か，定義してください」と質問したときに得られる，想像上の応答を示す。

ウェット・サイコロジー：「人間は人間だ」

（対人面接を基盤とする臨床心理学はこうしなければ成り立たない）

ドライ・サイコロジー：「人間は動物だ」

（動物との連続性を基盤とする１世紀半に及ぶ実験心理学の見方）

スーパードライ・サイコロジー：「人間は機械だ」

(コンピュータサイエンスを基点とする半世紀に満たない見方)

　科学的と自称する実験心理学への社会的期待度がこのように低いのは実験心理学のありかたが偏っているからなのではなかろうか。理論と実験は車の両輪である。実験心理学だけで理論心理学が公認されない心理学の現状を改善しなければならない。なぜなら，実験に縛られていると豊かな理論構成が妨げられるからである。

　ちなみに，以下にいくつかの問題を「電話相談室」のスタイルで掲げてみる。これに実験心理学者としてどのように応答できるか思考実験していただきたい。

「宇宙には果てがない」と聞きましたが，本当ですか？
　　→　検証（反証）実験はどう構成できるか

　　★★ 注 1-3 ……………………………………………………………………
　　　つぎもそうだが，これは心理学ではなく宇宙物理学の問いである。そしてこの問いに答えるには実験ではなく理論が必要である。宇宙に果てがあるかないかは宇宙物理学の問題であり，わたしが読んだ 2, 3 の解説書によれば，アインシュタイン以来の（現在流布されている）宇宙論では，大宇宙（太陽系とか銀河系とかのように小さな構造を問わない，100 メガパーセクを超えるスケールの巨視的視点のこと）を想定すれば，空間には一様に星が分布していて中心もなく端っこもない（一様等方の宇宙原理），と理解するようである。地球表面で地平線があるのと同じように，大宇宙にも観測可能な限界があり（130 億光年のかなた），それを「宇宙の果て」といってもよい。しかし（仮にその果てまで移動できたとして）その点から観測しても同じことになり，そこから 130 億光年のかなたに地平線があることになる。次元数は違っているが，地球表面のような曲面ではどこから観測しても地平線があるのと同じこと，という比喩がよく用いられている。

「太陽の中心部でも核融合は起こっている」と聞きましたが，本当ですか？
→　検証（反証）実験はどう構成できるか

「ことばを話すのは人間の本能だ」と聞きましたが，本当ですか？
→　検証（反証）実験はどう構成できるか

「ことばの学習には思春期以前に敏感期（臨界期）がある」と聞きましたが，本当ですか？
→　検証（反証）実験はどう構成できるか

「文法的に正しい文の総数はたくさんあって数えきれない（無限）」と聞きましたが，本当ですか？
→　検証（反証）実験はどう構成できるか

「男女がそれぞれ異性に惹かれあうのは本能による」と聞きましたが，本当ですか？
→　検証（反証）実験はどう構成できるか

「幼児画はタテ・ヨコの線とマルばかりでできている」のはなぜですか？
→　「なぜ」に対してどんな実験で答えるか

「児童画では池の周りの樹木が横向きや逆立ちに描かれたりする」のはなぜですか？
→　「なぜ」に対してどんな実験で答えるか

「表情は顔の動きから生じる」と聞きましたが，では，「写真や絵で表情が読み取れる」のはなぜですか？
→ 「なぜ」に対してどんな実験で答えるか

「実験は理論的仮説を反証はできても，証明はできない」と聞きましたが，本当ですか？
→ 検証（反証）実験はどう構成できるか

　このような質問に応答できない実験心理学が社会的に頼りにされないのはあたりまえなのではないだろうか。では実験心理学のなにがいけないのだろうか。

# 実験心理学の要件

第2章

　ここでも心的回転というヒナ型実験を用いて話を進めよう。この実験の要点は，一方でモノの回転の大きさが操作され，それと呼応して，判断に要する時間が変動するのではないか，ということである。この研究はつぎに示すように「科学的心理学あるいは実験心理学」に要求される規格にしっかりあてはまるものである。

① 科学的心理学といえば実験心理学と同義である。こころ（あるいは行動）の問題を「科学的」に解き明かすということは，2, 3の有名な心理学辞典類をあたってみると一致していて，「実験心理学」の規格で研究された知識を指すのである（Cumming, 1972; Vandenbos, 2007; Reber et al., 2009; 下中，1981）。
② 実験とは，実験者が制御（操作）することのできる条件と，その条件に応じて変動する結果との定量的関係を研究することである。

心的回転の実験でいえば，モノをどのような回転位置で提示するかということは実験者が随意に変更できるもので独立変数といわれる。ある回転角で示されたモノの異同判断に必要な反応時間は実験者が操作できるものではなく，判断する被験者によって決まるものである。これは従属変数と呼ばれ，これが独立変数とどのような関係にあるかクリアになった場合，実験はうまくいった，とみられる。本例では反応時間は回転角のサイズによって決まる。

　なお，心的回転の実験では独立変数（回転角）が定量的に制御され，従属変数（反応時間）も定量的測定が可能である。これは望ましい規格にかなうものである。しかし念のためにいえば，このような量的取り扱いが実験の必要条件というわけではない。たとえば，感覚遮断（Sensory Deprivation）の実験では，ある感覚刺激の入力がオンかオフかで制御され，その影響がテストされてきた。視覚刺激の入力がオン－オフだけでなく，半透明物による遮断という（視覚刺激の構造は隠されて，ただぼんやりとした明るさのみが許される）中間的条件も設定されたが，これも刺激構造のオン－オフ条件とみてよいだろう。そこから生後の視覚機能の発達には構造的刺激の入力が不可欠で，長期にわたって入力が奪われると視覚機能が損壊されることもある，という重要な知見が得られたのであった（Riesen, 1950）。これからもわかるように変数操作の定量化はできれば望ましいことであるが，必要不可欠というわけではない。しかし独立－従属変数の対応づけの行われない実験（ある単一条件での観察）はパイロット・スタディとされて，実験研究の規格をみたすものではないとされるのである。

　さて，心的回転の研究を実験心理学研究のヒナ型として先に進もう。理想的には実験心理学的研究はつぎの形式をそなえるものである。

① 「独立変数が条件 $X_{12..n}$ ならば従属変数は結果 $Y_{12..n}$ である」という

仮説の提示

（例：心的回転の実験では「回転角が大きいほど反応時間も大きくなる」）

② **仮説検証の実験法**

（例：心的回転の場合，回転角を異にした刺激図形を多数用意し，異同判断の所要時間を測定する。回転角を横軸，反応時間を縦軸として，単調増加のグラフが得られれば，仮説は支持される）

以上の実験心理学が要求する規格に特段の不備があるだろうか。そうは思われないのではないか。しかしこのような規格で対処しえない問題がたくさんあるということは，前章で述べたとおりである。具体的に調べてみよう。

**「ことばの獲得は人間の本能だ」**という仮説を想定する。この仮説をどのような実験で検証または反証できるだろうか（ここで述べておくが，この問題はわたしが10年ほど取り組んだ問題であり，わたし自身は解を持っている。それは後に触れることととし，ここでは述べない）。

この仮説について実験心理学者がつぎのように言う可能性は高い。

「『ことば獲得の本能があるかないか』が独立変数で，それに『ことばが獲得されるか否か』という従属変数が対応する。これを実験的に検証しなければならない。しかし実際上，「本能」という独立変数は，実験的に操作したくてもできないから，ストレートには実験できない。これは実験的検証をあきらめるよりほかないものである。」

(後述の例を除外すると)このような実験研究は見聞したことがないので、この想定は荒唐無稽とばかりはいえない。実験心理学者たちが上述のような吟味のすえにあきらめてしまった結果として、このような問題の実験研究が存在しないという現実が生まれるのだろうか。わたしの憶測を述べれば、そうではない。吟味の結果というよりも、このテーマは実験にふさわしくないと直観されるので吟味することもなく、ただ近づかない、というのが実情なのであろう。しかし注意してほしいのは、これは日常人の会話では平然と話題になりうる問題なのである。すると実験心理学はこのような日常人の疑問に科学的に答える力がない、ということになる。それでは日常人に顔向けできないのではないだろうか。実験できないものは、科学的に答えられなくても仕方がないではないか、という実験心理学者のつぶやきが聞こえるようである。

　実はここに大きな問題が含まれている。物理学や生物学では実験的操作ができないことがらについても答えようとする。「宇宙に果てがないというのは本当ですか」と訊かれた場合、独立変数が実験的に操作できないから答えられない、などとは言わないのである。生物進化論なども同様である。進化論は実験操作を用いた膨大な実験の帰結ではない。そうではなくて、観察された多様な生物現象を統一的な理論で把握しようとして生まれたのである。多様な生物現象は自然が地学的時間をかけて行った実験結果である、という解釈は可能である。だが、これを自然発生的実験とみるのはあくまで進化論という理論がもたらした事後的な解釈である。そのこと自体が理論的取り組みの成果なのである。実験心理学は独立変数の操作ということにこだわり、対処しうることがらを狭めてしまっている。そして図1-2の「日常人の疑問」部分については切り捨ててかえりみようとしない。その結果(臨床心理学と異なり)「科学的心理学」は日常人からお呼びがかから

ないで，忘れられてしまうのである。

　さてそれでは，「科学的心理学」を自称する実験心理学になにが足りないのだろうか。足りないのは理論的研究である。とはいえ実験的研究に従事するひとといえども小規模な理論的研究をしないわけではない。たとえば，心的回転について平面上の回転で満足できる結果を得たひとは，さらにつぎのようなことを構想するかもしれない。

・これを3次元移動にしても同じことになるだろうか（シェパードらはこれを用いた）。
・心的回転の実験では取り上げる刺激図形により効果が変化する（非対称図形は難しい，など）。回転という剛体変換ではなく，図形に非ユークリッド変換を与えて位相同型判断をさせるとどうなるか。……など。

　このようにして実験心理学者の理論研究は先行研究を足がかりにした微小な「加筆修正」で進むため，日常人の考える問題までたどりつくのが難しい。たいていの実験心理学者は，出発点となった実験の周辺を掘り返しながら研究生活の生涯を終わることになる。出発点がよければよいのだが，図1-2の事情からしてそうは期待しにくいのではなかろうか。理論が日常的疑問に手がとどくような飛躍をなしとげるためには，実験心理学の規格にこだわらず，理論的研究に没頭することが必要なのではなかろうか（よほど天分に恵まれたひとなら理論と実験をあわせ行うことができるかもしれないのだが）。実験心理学とともに理論心理学的研究にも独立した意義を認めなければ，科学的心理学が日常人の期待を享受する日はこないのではないか。実験心理学の意義は理論研究があってはじめて深まるからである。

　わざわざこのようなことを述べる必要があるのか，といぶかしむひ

とがいるかもしれない。科学的心理学の定義（とりもなおさず仮説検証の実験心理学のこと）をもう一度確認されたい。理論という語はまったく現れない。単に辞典類の定義に理論への言及がないだけではない。同じ辞典類には理論心理学という項目が欠けている。とりわけひとつの辞典の記述が注意をひく。そこにはこう記されているのである。

「狭い意味では厳密な実験的方法によって得られた事実のみで構成された心理学で，その内容は理論的体系とは直接，関係しない。したがって理論心理学とは対置されることもある。」（下中，1981）

「科学的心理学」は先進科学の後を慕ってスタートしたのだが，先進科学の共有する理論科学部門を取り上げそこなったのである。では「科学的心理学」が置き忘れしてしまった理論とはなにか。章を改めて具体的に考察を進めよう。

★★ 注2-1 ..................................................................

わたしがこのような主張を述べたのは1986年のことであり（須賀, 1986)，また,それを著書として発表したのは1989年のことであった（須賀, 1989)。のちにクークラ（Kukla, 2001）によって同様な主張が出版されたことはわたしには心強いできごとであった。わたしがクークラの著書に英語版で接したのは2001年のことであり，実験室よりもアームチェアで考える心理学者が必要だという主張に接し（わたしは，アームチェアでパイプをくわえる心理学者，と言ったものだが)，レトリックの一致に驚いた。同書は2005年に北大路書房から羽生義正氏の編訳で出版されている（Kukla, 2001/ 羽生, 2005)。クークラとわたしの主張は全面的に重なるわけではない。クークラは理論をデータに直接対峙させる。わたしは理論は事実データに対峙するものではなく，理想化された事実（これをモデルと呼ぶ）と対峙するものとし，モデルと事実との対応が実験的検証の場となる，とする。クークラは理論とデー

タの対応の良し悪しの測定にベイジアン統計の手法を持ち込むが，わたしはそのような工夫をしていない。わたしは自前の理論心理学的研究をいくつも実践し，完成させてきたが，クークラにはそうした具体的な仕事はなくメタ理論研究に終始している。

# 理論の役割

## 第3章

　科学者の仕事が成功を収めるにいたる道筋は2つある。そのひとつはめざましい事実を確定することである。単なる事実の報告では足りない。事実が確定されるのでなければならない。また，事実が確定されさえすればよいわけでもない。なんらかの意味で日常人の瞠目を誘うような事実が確定されるのでなければならないのである（実験心理学では，たとえば1年かけた膨大な実験調査の結果，「幼児にとって三角形模写にくらべるとひし形の模写は難しい」とか，「4歳，5歳，6歳と進むにつれ，助詞の分化が進む」とかの研究発表が行われることがめずらしくない。もし日常人がこれを聞いたとしても感銘を受けることはないであろう。そういうことはみな経験を通じて知っているからである）。特段に新奇な事実の発見でなくてもよいのだが，めざましい事実が確定されること，これが科学研究が成功を収めるひとつの様式である。研究が成功を収めるもうひとつの道筋はまったく性質

を異にする。平凡でみなが知っている確定的な事実を取り上げ，この平凡な事実にめざましい理論的説明を与えることである。この道筋は科学的心理学ではほぼ遮断されている。

★★ 注3-1 ........................................................................

もちろん例外はある。たとえば，細胞集成体（Hebb, D. O.），パーセプトロン（Rosenblatt, F.），集合論的概念論（吉田章宏），など。いずれも実験心理学書で引用されることは稀だが，前二者は人工知能（認知科学）のコネクショニストたちによって継承発展が進められている。その他いくつか寸評すると，わたしの知る限りでもっとも壮大なのはピアジェ（Piaget, J.）の発生的認識論である。ピアジェの理論はフロイド（Freud, S.）の精神分析理論を凌駕する規模の大きさをもち，その壮大さは「これだけたくさん書けば神が書いても矛盾を回避することは不可能であろう」と思うほどで，実際にもフロイドともどもにそうである。順応水準の理論（わたしは「知覚の目盛りあわせ機能」と呼んでいるが，これも引用されることはほとんどない），行動のS-R理論（総じて解くべき問題がなく，なんのための理論か不明），など。スキナー（Skinner, B. F.）の理論体系（本人がいかに否定してもまぎれのない理論である）はその論理実証主義の特色は措き，行動制御の手法の汎用性が特筆され，臨床心理学への影響が大きいことに注意しなければならない。ギブソン（Gibson, J. J.）の知覚理論はユクスキュル（von Uexkuell, J.）の論理実証主義版とみられる。

前章で実験心理学では解答できない問題例をいくつか示した。これらを具体例として理論的な解決を求めてみよう。これはいわば理論心理学的研究の試みである。

「**ことばの獲得は人間の本能だ**」という仮説は実験的に検証できないのであった。そしてその理由は，「**本能**」という変数が実験的に操作できないから，というのであった。実験ではなく理論を組み立てる

立場で考えてみよう。まず重要なのは「本能」というキーワードの定義である。「ことばの獲得」ということだけでなく，さまざまなことがらで「本能」というキーワードは使われるので，それらをまず比較しなければならない。

● 比較対照例
　「把握反射は人間の本能だ」
　「二足歩行は人間の本能だ」
　「男女がそれぞれ異性に惹かれあうのは人間の本能だ」
　「攻撃性や他人と競い合うのは人間の本能だ」
　「ことばの獲得は人間の本能だ」，……など。

これらすべてに一貫してあてはまる「本能」の定義はつぎのように理論化できる。ある特性が下記の3つの基準にあてはまるとみられるなら，それは種特異的な特性であり，種の遺伝的な行動発現プログラムのあらわれである（須賀，1980）。この理論をあてはめて得られる結果はみな日常言語の「本能」の使い方と一致することを確かめられたい。

① **斉一性の基準**（特性が種を通じて斉一に見られること，遺伝規定性の必要条件）
② **独立性の基準**（特性が個人的経験から独立に発現すること，遺伝規定性の十分条件）
③ **還元不能性の基準**（特性発現を他の特性に還元不能なこと，遺伝規定性の十分条件）

なお，これらの基準を適用すべき特性は行動特性に限られない。身

体的，心的特性でも同じことである。

　本能とは種に特異的で，遺伝に規定されて発現することを指す。これまで心理学で広く認められてきた，本能的特性を選別する基準はなにかといえば，それは「生直後に発現する特性」という基準である。「生得的」なら「遺伝規定性」を結論するということである。しかしこの基準には日常の知識にそぐわない欠点がある。そのことを指摘する心理学者があまり見当たらないのは不思議なのだが，実験に偏向して理論的な思考をおろそかにする実験心理学者の性癖がここにもあらわれているといえる。「生直後」の基準を適用するのは誤りだというのではない。それはひとつの基準なのだが，その基準しかないのでは不十分なのである。たとえば，前青年期の男女に第二次性徴が発現するのは，遺伝的に規定されたプログラムの発現とみるのが常識だが，「生直後」の基準しかなければこの結論を得ることはできない。バビンスキー反射は生直後の基準にかなうので正しく遺伝的規定が認められる。しかしバビンスキー反射は生後1年ほどすると消えていくものである。この反射消失は生直後ではないので遺伝に規定されていると結論できないことになる。同様に生後1年過ぎに発現する二足歩行という人間固有の特性もまた遺伝に規定されて発現するとはみなせないことになる。「生直後」の基準はそれ自体あやまりではないのだが，成熟がからむ特性には適用できない。この基準だけでは不十分なのである。

　さらにいえば，新生児は母親などと眼を見交わすことができる。このようなまなざしの交換という特性は「生直後」の基準にかない，遺伝的プログラムの発現とみなされる。しかし，ある種の脳機能障害によりまなざしの交換を行えない新生児の場合は，生直後に「まなざしの交換をしない」ということが起こりうる。この場合「眼を見交わさない」という特性が「生直後」の基準にかなうので，遺伝的プログラムの発現とされなければならない。「生直後」の基準だけでは，こう

して相互に矛盾した結論が導かれかねないことに注意しよう。「斉一性」の基準を必要条件とするのはこのような事情によるのである。3つの基準はこうした誤りを回避するために設けられているのである。

「生直後」の基準に不備があることはおそらく多くの心理学者が暗黙裡に気づいているものと推測される。しかし本能とか種特異性とか生得性とか，あるいは遺伝規定性という言い換え可能な術語群をめぐって，厳密に定義しようとする心理学者はほとんど見当たらない。実験にかたより理論的吟味をおろそかにする「科学的心理学者」の傾向がここにもあらわれているのである。

先に示した3つの基準はこれにあてはまる特性を遺伝に規定されたもの，種特異的なものと判定するための条件である。例示すれば，これはつぎのように適用される。

音源の聴覚的定位
　新生児が誕生直後に聴覚刺激を与えられるとその方向に頭を向けるという実験的観察がある。これは観察者により生得的行動とみなされた（「生直後」の基準による）。「斉一性」の基準の適用上，これは（出産時に異常のない限り）新生児すべてで観察されるべきものである。聴覚的定位行動は音源を眼で確かめようとする行動である。そして出産前の（胎児の）環境でも音は四方からとどいていた可能性があるが，胎児がそのつど頭をめぐらしても音源の視覚的確認はできないのだから，胎児期の経験がこの行動の形成をうながしたとは考えられない。この行動は胎児期の経験とは独立に成立しているとみられる（経験からの「独立性」基準にかなう）。

表情形成と表情理解
　他者の表情からその心的状態を理解できるのは，他者の表情を自分の場合と対応させて類推することに基づく，という学説は今日で

は支持できないものである。子どもが自分の表情を知るためには鏡を見なければならないが，子どもが自分の泣き顔を鏡のなかで見る機会が多いとは思われないからである。また，先天的な盲聾二重障害で，見ることも聞くこともないままに育った少女が，ほほ笑み，泣き，怒りなどの表情形成において正常者と差がないこと（Eibl-Eibesfeldt）も表情の授受機能は経験から独立していることを示し，「独立性」の基準にかなう。それだけではない。表情によるコミュニケーション機能のどの部分がどのような意味で学習されるとしても，表情弁別の視覚的機能とともに表情に表出される心的状態が内的に分化していることはあらかじめ子どものなかに準備されていなければならない。経験への還元をいかに試みようとしても，そのような経験が経験されたのはなんらかの特性が準備されていることによる。いかなる学習説も出発点は遺伝に規定された特性なのであり，経験への還元が不可能なものなのである。今日では表情理解と表情形成が脳内のミラーニューロンによって仲立ちされているという推測が許されるが，こうした神経機構は「還元不能」の基準にかなうと思われる。

**帰納的（再帰的）思考操作**

　第1章で引用した（「数に終わりはない」と言った）5歳児の逸話は自然数の公理系そのままの仕方で「数の可付番無限性」の証明を（たどたどしくではあるが）述べたものだった。これは逸話なので，実験心理学の研究として発表しても評価は得られそうもない。評価しない実験心理学者は，だからといって，帰納的な思考の遺伝性について自前のいかなる判断を有しているわけでもなく，このような思考操作がいついかなる経験によって獲得されるのか，という問題はかれらが問うたことのない問いなのである。本能についての理論をあてはめると，この思考操作はその「斉一性」と「還元不能

性」により，遺伝的とみなされるべきものとなる。なお，マーカス（Marcus, G.）は（そのような理論的根拠を明示することこそないが）同じことを主張している。

★★ 注3-2 ……………………………………………………………………
　リカーシブ（recursive）な思考操作は経験から獲得されるものではなく，むしろ経験を経験するための遺伝的基盤であると思われる。その根深さは人間の認知的機能一般に及んでいる。言語機能もその例にもれない。言語の獲得に関して，子どもが与えられた言語環境から学習するという要因が重要なことはいうまでもない。子どもは日本語の環境が与えられれば日本語を話し，英語の環境が与えられれば英語を話すようになる。しかし種特異的遺伝要因もそれに劣らず重要である。日本語環境が与えられても犬は日本語を操るようにはならない。これについて，たとえばマーカスは，遺伝も環境も重要なことに論議の余地はないのであり，問題は，言語学習の生得的なメカニズムがどの程度まで言語に特化したものなのか，ということなのだ，という（Marcus, 2004）。そして，「言語をもたらしたものをあげるとすれば，真っ先に『再帰』の才能をあげる」であろう，と述べている。語と語を適切に組み合わせて句をつくり，句と句を組み合わせて上位の句をつくる，という再帰の操作こそは「言語が多くのことを多様な仕方で表現できることの鍵である」というのである。

　ちなみに，「再帰」は recursion という語の訳である。数学では昔からこの語には「帰納」という訳語があてられていた。数学における排他公理を用いて「句の構成操作」をリカーシブなスタイルで定義すればこうなる。
　① 語は句である
　② 句と句の組み合わせは句である
　③ 以上のみが句である
　マーカスが「言語表現の多様性の鍵」とするリカーシブな操作が，人間の思考操作においていかに根源的であるかをめぐって少しデータ

を補充しておく。

リカーシブな思考を引き起こすことをねらった文には独特の修辞効果が生まれ，文章でも多用される。それにより他の表現ではなしえない独特のユーモアが実現される。

「泥沼に落ちどうしても抜け出られないのに業を煮やして，自分の弁髪を自ら引っ張って沼から引き出した」というバロン・マンチョウゼンの自慢話（ホラ男爵の冒険より）。

「カルチエ・ラタンにバリケードを築いて占拠した学生たちは『芝生に立ち入ることを禁止する』という看板を見て，これを引き抜き，『禁止することを禁止する』という看板に差し替えた」（1970年代学生運動記録より）。

「保育園で『ぜったい』ということばをたしなめられた年長児はしばらく黙ったのちに，こう言ったという：『ゼッタイってことはゼッタイにないって，言えるね？』と」（ある保育日誌より）。

また，リカーシブな思考は無限大（無限小）の認識を避けようのないものとする。

「ガンジス河の砂粒の数だけガンジス河を考え，そのすべての砂粒の数だけのガンジス河を考え，そのすべての砂粒の……」

「鏡Aの反対側にある鏡Bのなかに鏡Aが写っており，そのなかに鏡Bが写っており，そのなかに……」

「イングランドの豪族の家の庭の一角にイングランドの精密な模型をつくるとき，その豪族の庭の一角それ自体をつくらなければならないが，その庭の一角の模型には……」

これらを総括してボルヘス（Borges, J. L.）はこう書いている。

「他のすべての観念を腐敗させ混乱させるひとつの観念がある。わたしは『悪』のことを言っているのではない。その及ぶ範囲は倫理という限られた領域でしかないのだから。わたしが言っているのは無限のことである」（異端審問より）。

アキレスと亀のパラドックス（アキレスは永久に亀に追いつけない）は，解析学のイプシロン－デルタ（ε - δ）論法と同型である。また，チョムスキー（Chomsky, N.）の「文集合無限」の主張はペアノ（Peano, G.）の「自然数」公理系の「そのつぎ（Successor）」変換を「節生成詞（Comp）」変換に置き換えたものである。
　宇宙を一様で等方的な（宇宙原理に従う）多次元多様体としてとらえるとしても，人間には，その宇宙を腹中に蔵して存在せしめている「空間それ自体」を考える性癖がある。その空間には，カントがリカーシブな思考で導き出したアンチノミーが隠れているのである。

　本能論は，遺伝と環境の関係に神経質な心理学者の猜疑心を刺激しがちなところがある。誤解をさけるために，少し補足を加えておきたい。
　遺伝と経験の絡み合いはどんな特性でも生じることで，両者は対立的な要因ではない。どんな特性でも遺伝子の用意がありさえすれば発現するということにはならない。ふつうの家庭に育つ子どもは数年でことばを話すようになるが，栄養のみで「ことばかけ」を受けることのない子どもは話す能力が未発達にとどまる（藤永，2001など）。
　逆に遺伝子が用意されていなければ，どんなに優れた環境におかれても特性は発現しない。ふつうの家庭の室内犬は若干の単語の聞き分け能力を超えることばの理解力をもちえない（遺伝子をもたない水盤のなかの石ころにはまったくなにも発達しない）。
　遺伝子と環境の絡み合いを述べるチョムスキーの比喩はまことにわかりやすい。それは，

　「花は水をやらなければ開花しない。しかし花が開くのは水から学習してのことではない。なぜなら同じ水を与えられて樹木は樹木となるからである。」

与えられる環境条件が一定の基準をみたしていること（チョムスキーのいう「水」）が必要である。身体特性が発現するためには栄養が一定の基準をみたさなければならない。それは身体ではなくて行動特性でも同じである。たとえば，視覚的機能は生直後から通常の明暗を備えた構造的視覚刺激（Structured Ambient Light）に囲まれていることが必要で，眼を塞がれ刺激を遮断された状態で育てられると視覚機能の発現という点で致命的な障害を受けかねないことは先述のとおりである。

　さて，「本能」という概念の輪郭を以上のように描き出したうえで，「ことば－本能」説を吟味すれば，その仮説は正しいと結論しなければならないことになる。どうしてそれが正しいということになるのか，と重ねて質問されるなら，定義を持ち出して説明することになる。すなわち，「斉一性」，「還元不能性」の2つの基準をみたすので，定義によってそう結論されるのである。ただし注意すべき点がある。本能を定義するこの理論は実験心理学者の知らない基準であるから，日常人にはなおさら耳新しいことである。この基準により，数々の身体特性，行動特性，心的特性がその遺伝規定性が矛盾なく理解されることは理論の効用であり，日常人の知的好奇心を満足させる可能性がある。「生得性」の基準しかもたない心理学の現状はその力を有しないことに注意を向けてほしい。

　とはいえ，日常人は仮説とその実験的検証という強迫をもたないので，根掘り葉掘り問題を掘りかえす性癖がある。こうした解答に満足して終わりとしたくないひとがいても不思議ではない。たとえば，つぎに示すのは容易に予想される「根問い葉問い」のひとつである。

**根問い：「種特異性もしくは遺伝規定性の定義により，ことばが本能による，という結論はいったん承認しよう。しかし，異性愛**

も本能，歩行も本能，などとなり，みな同じことになるのでは満足できない。それは，あたかも『サルも動物，カモノハシも動物，ニンゲンも動物……』というのと似ていて，正しいかもしれないが，もっと精細な区別をしたい気持ちになるのだ。いったい，ことばが遺伝的規定を受けて獲得されるとしたら，『その遺伝的規定下にどんなカラクリがあり，それがどのように働くのか』について知りたいものだ。」

このような問いが実験心理学者から発せられた例をわたしは寡聞にして知らない。しかしながら，言語学者のチョムスキーはこのような問いをくりかえし，しかも自ら解答を提示し，いわば自問自答していることを知る人は多いことと思う。

そのことの分析にとりかかる前にチョムスキーについて少し注釈しておきたい。実験心理学界ではあまりポジティブな紹介を受けているようにも思われないが，例外もある。認知心理学者ピンカーはチョムスキーについて「言語システムの奥深い複雑さ（Intricacy）をはじめて明るみに出し，言語学と認知科学の現代的革命を引き起こしたひと」（Pinker, 1994）と紹介しており，また，科学誌の編集者ホーガン（Horgan, 1966）は「20世紀の生んだ最大の知性チョムスキー」と形容している。おもしろいのは，チョムスキーが自分自身を「理論生物学者」，とりわけ「理論心理学者」として位置づけていることである（私事にわたるが，ある訳書の仕事でチョムスキーに数項目の質問状を書き，そのなかにこのことを確認する条項も加えておいたが，これについていかなる否定的なコメントもなかった）。以下に示すような迫力に満ちた理論的思考は，実験心理学者には縁遠いということも考え合わせると，チョムスキーの「理論心理学者」という自己認識はいっそう興味深いのではないか。

さて，チョムスキーは子どもの言語獲得という謎をつぎのように解明した。

- どの人間言語にも深いところで共有されている普遍的な規則群が想定され，これを普遍文法（Universal Grammar：UG）と呼ぶ。
- それは特定の（日本語，英語など）言語データの入力に晒される（子どもがその言語環境で育つ）と，一挙にその言語特有の文法に仕上げられるというものである。
- 上のような普遍文法の規則群としてあらかじめプログラムされた装置が，比喩的にいえば言語獲得のための特別な器官として，人間には生得的にそなわっている。

以上のような装置（心的器官）を想定しなければならない根拠はなにか。それは，ことばの働きの豊穣さが「経験による学習」だけでは説明できない，ということである。チョムスキーはつぎのように述べる（どの著作でもかまわないが，たとえばChomsky, 1968, 1986）。

- ことばについての直観的知識はあらゆる話者に共有されていて，この点で，経済，法律，語学や数学の知識など，経験的に少しずつ学習される知識とは決定的に異なる。ほかに類似した特性をさがすとすれば，消化器官の働き，歩行動作の働き，あるいは視覚など知覚系の働きがあらゆる人に共有されているのと同じである。
- この知識は母語の一部などではなく，母語のあらゆる表現形式を処理するだけの広さと深さをそなえ，それが人びと全体に共有されているのである。シェークスピアや高山樗牛など，作家のなかには一万語以上を駆使する人もいるとされるが，それにしてもどの言語でも語彙は有限である。しかしその有限の語彙からつくり出されう

る文には限りがない。その無数の文（自然数の可付番無限にくらべられる）は理解可能なだけでなく発話可能である。いまだかつて誰も一度も発したことのない文をはじめて発する話者となる可能性は誰にでもあり，それを理解する力も誰にでもある（チョムスキー自身はそうした例文をあげないので，わたしの身近な例を示すとするなら，たとえば，太宰治のつぎの文章がそうである。「彼はこころのなかで自分のことを『かれ』と呼んでいた」《鬼が島》。これはおそらく太宰によりはじめて発せられた文であろう。もう一例あげるとすれば，ある母親が新聞に投稿した「おばあちゃんが入れ歯を食べちゃった」という5歳児の発話も同じではないか，と思う）。

- このとてつもなく豊かなシステムが，生後1年ごろから4，5歳までの短期間で，特別な意図的努力の様子もないまま，明示的には成人の側からのきちんとした教えを受けることもなく，どの子どもにも獲得されるのである（チョムスキーがそういうわけではないが，わたしのみるところ「二足歩行」の獲得もまた同様である）。それだけではない。成人だけでなく子どもたちの場合でも，そのことばについての直観的知識を精密に検討していくと，経験された言語データで説明できることからはるかに隔たったことが含まれているようにみえる。

★★ 注3-3

つぎの例文 ① では「かれ」と「山田」とは同じ人物を指すことができ，② では同じ人物を指すことはありえない（これはチョムスキーがあげる，例③，④，⑤，⑥を日本語に翻案したものである）。
① 山田はかれの無実を訴えた。
② かれは山田の無実を訴えた。
③ John said that he was happy.
④ He said that John was happy.

⑤ When he plays with his children, John is happy.
⑥ The people who saw him playing with his children said that John was happy.
⑦ His mother said that John was happy.

なお，⑤以下は名前と代名詞の参照関係が文中の語の先－後関係で決定されるものではないことを示すものである。

こうした名前と代名詞の参照関係は照応表現（Anaphora）をめぐり束縛原理の提案に結びつく。⑧では照応表現の himself は（that 以下の）局所領域内の名前 Jensen を指示するのでなければならず，⑨の代名詞 him は局所内の名前に束縛されず自由である。

⑧ MacCabe said that Jensen shot himself.
⑨ MacCabe said that Smith shot him.

このような代名詞の参照規則を話者はそれと自覚せずに理解している。それゆえ，自覚の希薄なおとながこうした規則を組織的に子どもに教えるとは考えられない。子どもがこうした規則をおとなと同じように理解できていることを，経験からの学習で説明するのは容易とはいえまい。このような事情を指して，チョムスキーは「刺激の貧困（Poverty of Stimulus）」という。その含みは，子どもが言語入力の断片をたくさん集めて，そこから適切なデータのみを選りすぐり整然とした規則を抽出するという考えには無理がありそうだ，ということである。


以上のように言語にかかわる本能を再定義することによって「ことば－本能」仮説は日常人を納得させることができるだろうか。1960年からの約20年の間は納得させえた，と評価すべきであろう。この考え方は言語学を一新した（言語学者の間では BC10 年のような表現が地口として流布され，その意味は Before Chomsky10 年という意味なのであった）。それだけではない。チョムスキー言語学に刺激されて，心理言語学という新しい領域が勃興した。先に引用したサイエンティ

フィック・アメリカン誌の編集者ホーガンの評価を考え合わせればチョムスキー言語学は人びとを納得させるのに成功したといえるのである。

　チョムスキーの生成文法説は，しかしながら1980年を過ぎるころから，心理言語学者をはじめとする実験心理学者の間で，ミラー（Miller, G. A.）やピンカーのような少数の例外を除くと，評価が高いとはいえない状況が生まれてきた。その理由は主としてチョムスキー言語学の側にあるとわたしは考える。言語装置とか普遍文法とかが目新しいうちに人びとの感銘を誘いえたのは，なんといっても人びとの有する「ことばの知識」の奥深い複雑さそれ自体の故であったろう。人びとは，ただ自覚することなく所有していた言語能力の奥深さを，チョムスキーがえぐり出す文例により驚きをもって理解し直したのである。注3-3にあげた「代名詞と照応表現の束縛原理」をめぐる文例，あるいはつぎにかかげる古典的な対照文を見直せば，ことがらの意外さにあらためて心打たれるものがある。

① John is easy to please.（ジョンはすぐ喜ぶ。Please の対象は John）
② John is eager to please.（ジョンはサービス精神に富む。Please の対象は別人）

　なぜことばにはこのような奥深い複雑さが必要なのか？　誰しも驚きに打たれながら疑問に思わざるをえない。この複雑さに深い合理的理由があるとすればそれは何なのか，という（ドンキホーテをしのばせる）勇敢な問題意識が生成変形文法理論の構成をもたらした。人びとが気づかないところを鋭くえぐり出して驚きを与え，謎に取り組んで解答を模索する勇敢さで感銘を喚起する——この衝撃がチョムスキ

一言語学の力なのではないか。しかし頭を冷やしてよく見直してみると，チョムスキー言語学は完成したわけではない。よくいっても，理論的な説明は言語のなかのごく一部分にしか及ばないのである。

　近年になると，実験心理学者の側からチョムスキー言語学に対する反論が頻出するようになり，たとえばトマセロは，「束縛原理その他の普遍文法の諸問題は普遍文法内部の問題である」（Tomasello, 2003）と喝破している。その含みは，束縛原理その他の問題を解決できずとも普遍文法がなかったことにしてしまえばよいではないか，ということである。この病的ともいうべき研究態度は実験心理学のありかたを象徴していると思われる。

　トマセロといえばアメリカ心理学会や認知発達協会などの出版賞を複数回受賞したことからして，実験心理学者たちの嘱望を集める研究者のひとりとみられる。しかし，照応表現などが子どもにどのようにして学習されるかという問題の理論的な解法は，かれの著作のなかには示されていない。わたし自身は後述の「単一語句差異」の文型統合原理による解法を発見した（もっともそれが唯一の可能な解とは思っていない）のだが，トマセロには理論的な解法が獲得できない（または解法に到達しようとする意欲がみられない）。そして，「問題そのものを放棄すればよいではないか」という挙に出るのである。数々の受賞歴をみる限り，実験心理学者たちは，トマセロのこの見解が科学者の態度として正常でないことに気づかないのである。ここには実験心理学という「科学」の歪みが端的に示されているといえよう。

　このような立場の実験心理学者が「ことば－本能」仮説を実験的に反証できたのかといえば，もちろんそうではない。トマセロに即していえば，彼らは「ことば－本能」仮説を実験的に反証するのではなく，対立仮説というより独立した仮説を打ち立てて，この仮説の断片について検証実験を行おうとするのである。彼らの立場を象徴するものと

して，トマセロの主張を仮説として要約するとつぎのようになる。

● 対立仮説
「子どもは周囲の言語情報について（ほとんどの動物たちも持っている）一般的なパタン認識（カテゴリー理解）の力を用いて，おとなたちが提供する『ことばの使用法』をひとつずつ習得していき，その蓄積によりおとなの言語能力にたどりつく。」

少し補足しておこう。子どもは，おとなが注意を焦点化したり，注意するよううながしたりする外的事物に自分の注意を合わせる力（注意の協調 [Joint Attention]）を有し，おとなの発することばと自分たちが注意を向ける事態とが関係していることを適切に判断できる。こうした社会的な協調関係を通じて，そこに含まれた言語刺激一般からパタンを取り出す（類似した音系列パタンから語音パタンを弁別し，類似した語音の系列パタンから文パタンを理解し，類似文の集積から疑問や否定の文型パタンを理解する，などの）長期的な学習経過で，おとなの有する言語水準へと発達していく。生得的な言語器官などという概念は必要なく，一般的なパタン認識（カテゴリー理解）の力で，ことばの使用法をつぎつぎ習得していって，最終的にはおとなの言語力を達成できる，とするのである。

このような仮説を日常人がどう受け取るか想像してみるのはおもしろいことである。

日常人はまず，うなずき，それはそのとおりだ，と同意するであろう。なぜなら，日常人の多くも自分の体験からそのように考えるからである。この仮説はわざわざ研究するまでもなく，あらかじめ日常人が考えることと寸分たがわないのである。そこで，日常人はもういちど「根問い」を起こすのではないか。

- （するとチョムスキーと違って）「ことば獲得の本能的・生得的基盤は注意の対象を共有することとパタン認識の力だ」という仮説を掲げるのか。
- パタン認識はどんなカラクリを介して生じるのか。
- （同じことだが）少しずつ習得する際の習得機構はどんなものなのか。

　日常人は（チョムスキーの理論には瞠目したが）実験心理学者の仕事には驚きを覚えることもなく，あまり感銘を受ける様子も示さない。他方，実験心理学者は実験手続きの周到さや結果の統計処理の妥当性などのテクニカルな側面に気を配り，仮説の理論的重要性に眼が向かないので，日常人の落胆に気がつかないか，少なくとも気づかぬふりをするしかない。実験心理学者のできることはせいぜい，コネクショニストたちの仕事を「パタン発見」の形式として提示することくらいである。

　これに対しても，日常人はさらに「根問い葉問い」を続けるかもしれない。

- コネクショニスト・モデルは（実験心理学者というより，人工知能研究者の仕事のようだが）いかなる意味で実験心理学的研究なのか。
- チョムスキー言語学がしきりに取り組む（照応表現理解の謎とか下接の原理とかの）さまざまな謎は実験心理学的にはどのように解決されたのか。

　★★ 注3-4 ......
　　わたしの知人にコネクショニスト理論に取り組んでいる2人の研究者がいる。そのひとりは自身を「隠れコネクショニスト」と称していた。表立った仕事は実験心理学であるが，コネクショニストは隠れるわけ

である。

　実験心理学者たちはこれに対して（今日の段階では）きちんと答える術がないのである。
　ずいぶん議論が長引いてしまった。しかし「ことばの獲得は本能による」という仮説をめぐる吟味をここで終わらせるわけにはいかない。先にもふれておいたが，これはわたし自身が10年以上にわたって取り組んできた問題でもあるからである。最後にわたし自身の態度を示さなければなるまい。それはつぎのようになる。

　**この仮説は直接に反証実験ができるし，なされるべきである。「言語本能をもたないモノ」にことばが獲得可能か否か実験してみればよいのではないか。もしそれが達成できるなら，「ことば＝本能」仮説は反駁されたことになる。**

　「言語本能をもっていないモノ」はたとえばサルでもよいだろう。いっそのことコンピュータに習得できるかどうか実験してみたらどうだろうか。わたしはこのような構想でコンピュータに向き合ったのであるが，その企画の紹介は後にまわすことを許されたい。ただ一点，ご注意願いたいことがある。「コンピュータが人間の言語を習得できるようにする」のは，いわばロボット設計にあたる仕事である。コンピュータにそのような設計を組み込むためには，「習得のカラクリ」をあいまいにせず，理論化しておかねばならない。そのような理論が前提になってはじめてロボットは設計できる。理論がなければ実験はできない。設計の良し悪しは前提とする理論の良し悪しに依存することになる。ここでもまた実験の重要さとともに，「それに先行する理論」の重要さを指摘できるのである。

★★ 注3-5 ..................................................

　チンパンジー（ピグミー・チンパンジーを含む）による記号学習の研究は歴史が古い。1930年にグアおよびヴィキという名のチンパンジーを家族と一緒に育てる試みがなされた。グアとヴィキは人間と同じ音声言語の学習が期待されていたので，パパ，ママ，カップの3語を学習した程度にとどまった。

　1960年代以降，発声器官のハンディキャップを考慮し，組織的な学習プログラムを用意する企画がさまざまに実践されたことはよく知られている（研究者と被験体の名を並べあげることは省略する）。プラスチック板，身振りサイン，コンピュータ生成の視覚的シンボルにタッチする，など，さまざまな様式の記号学習の成果がある。しかしながら人間幼児から遠くかけはなれたもので，「文」は3「語」どまり，内的な構造があるとはみられず，人間幼児の文長が2語文から急速に増大し，内的構造を整えていくのととうてい比較にならないものであった。「生物位階でヒトが占める位置を引き下げようして，ヒト以外の種にヒトの本能的コミュニケーション形式を真似させようとして，動物へのイジメが行われたのは皮肉なことである。チンパンジーが抵抗したのは彼らの恥ではない。人間が彼らの叫び声を訓練されたとしたら同じようなことになることが，ほぼ確実だと思われるから」とは，ピンカーの評である。

★★ 注3-6 ..................................................

　チョムスキー言語学は言語をガリレオのスタイルで研究する自然科学とされる。工学的な自然言語処理（NLP）はこれとは指向性の異なるものと位置づける研究者もいる（たとえば，渡辺，2009）。わたしのMLAS研究は「人間幼児のシミュレータ」を目指しているので，このような区画整理によって排除されない，自然科学の理論である。

# 例題の追加的分析と結論
## ―理論的科学によるリフォーム―

### 第4章

　すでに示した仮説群のなかの「ことば‐本能」仮説だけで，ずいぶんスペースを費やしてしまった。残りの仮説群についてまったく放置するのは無責任のように思われるので，本章で簡略に分析しておきたい。

## 1　言語学習の敏感期について

**仮説**　「ことばの学習には思春期以前に敏感期（臨界期）がある」

> ★★ 注4-1
> 　　実験的な検証を等閑に付したまま，敏感期の存在が事実であるかのように述べられている心理学書はめずらしくない。また，臨界期という術語は時期の限定が生直後に限定されるのが本来であるが，これと

041

同義に扱われることも珍しくはない。たとえばつぎの文はその例である：「子供がパラメータの値を決定することができる時期には臨界期があって，通常こうした能力は思春期あたりには失われてしまうと考えられている」（渡辺，2009）。

　いまのところ，この仮説を実験心理学的に検証しようという企画を見聞したことはない。したがって実験心理学はこの仮説の検証に関して履歴上その無力を露呈しているのである。しかしこれを理論的に吟味することは可能である。次に示すのはわたしがながらく考え続けてきたことである。

　敏感期などということがあるかどうかはきわめて疑わしい。おとなの外国語学習では乳幼児期の言語学習の様式をそのまま実現できるものではない。幼児は生活のあらゆる時間にたえず特定の言語に囲まれ，ほかの言語の媒介などなしに，いわば一語一文ずつ身につけていける。幼児はいわば特定言語にどっぷりと潰かって学習する。おとなにもこのどっぷりと潰かった学習環境を与えてみなければ真相はつかめないのではないか。その言語しかない生活に明け暮れれば，おとなでも1日10語以上獲得できても不思議なことはないと思われる。たとえば，ニューギニアやフューゴ島のようなところから成人が唐突に日本に連れてこられて（生活の保障つきで）単独生活を始めるということを思考実験してみよう。

　そのひとはコンビニエンス・ストアでの買い物の仕方とともに，品物の名称などを少しずつ覚えていくであろう。品物や乗り物，役所や人間，隣人とのつきあい，ありとあらゆることばを1日10語でも20語でも覚えるであろうし，覚えた語や文は使用し続けるので忘れることも少ないであろう。乳幼児と同じように，密度の濃い言語学習生活を介して新しい言語に接することが可能なら，短期記憶に障害のない

限り年齢など無関係に数年でそのひとは日本語を完璧に習得できるであろう。

　心理学辞典には敏感期という術語はきちんと載せられている。上の思考実験はこの記述と対立する理論といえるのである。このような理論を前提にすれば，敏感期という仮説に対する反証実験が企画できる。それはこの思考実験をそのまま実行することである。実験に協力する被験者を募って，未知の言語環境に住まわせて，3年後にそこの言語がどう獲得されるかを検証してみるのは，（少々高くつくが）研究費さえあれば実現できるであろう。

　ここまで思考実験をしてくると，実験のために科学研究費を申請するまでもないことに気づく。ハワイ，アメリカ，モンゴル，それに近年ではブルガリアをはじめ東ヨーロッパの数か国などから，それぞれの母語を身につけたおとなたちが来日して，日本語に「どっぷり漬かって」生活し，数年後には日本人としか思われない流暢な日本語を身につけてしまう例が散見されるからである。相撲界や囲碁界をはじめ陶芸などの民芸界などでもこうした外国人の存在がテレビなどを通じて知られている。この自然実験というべき事例からも，敏感期という仮説は棄却すべきなのではなかろうか。この問題は実験心理学では手が出ず，沈黙するほかなかったのだが，理論心理学ならこのような解が提示できるのである。

## 2　有限個の語彙からつくられうる文集合の無限性について

**仮説**　「文法的に正しい文の総数はたくさん（可付番無限個）あって数えきれない」

　この仮説を実験的に検証することは不可能である。これは理論的な

解決をはかるべき問題なのである。チョムスキー言語学の重要な命題なので、チョムスキー自身の見解を要約しておけば、つぎの2点である。

① どの言語でも最長の文を特定することはできない。
② （有限個の語彙を組み合わせて）無限個の文をつくるためには文法の規則はなんらかのかたちで反復適用されなければならない。

反復適用とは、ある文をもとにして、それを句や節にした文を構成する操作がいくらでもくりかえされうることを指す。
「かれがそれを知るひとだ」→「かれがそれを知るひとだということは確かだ」→「かれがそれを知るひとだということは確かだと一般にいわれている」→「かれがそれを知るひとだということは確かだと一般にいわれているのではなかろうか」→「……」、のような文の増殖はどこまでも続けられる。ちなみに英語の例をひとつあげれば、"He knows that she thinks that he is flirting with Mary."（ピンカーのあげた例）という具合である。ここから文集合の無限性を帰結するのは、素数が無限にたくさんあるというユークリッドの証明や、第1章に引用した5歳児が自然数の可付番無限性を証明したのとそっくりである。そのうえでチョムスキーはつぎのように主張する。「文法の問題にかかわりのない時間、忍耐、記憶などの要素を除けば原理的には人間は任意の長さの文を理解することができる」と。

チョムスキーの議論は形式的には正しい。しかし言語を自然科学的に研究するという（チョムスキーの）立場ではこれを無条件で承認するわけにはいかない。この形式的な論法を別の事象にあてはめた例を以下にいくつかあげよう。

① どの言語でも最長の語を特定することはできない（八王子で2010

年に発見された新種の化石に「ステゴドンプロトオーロラエハチオウジゾウ」という 20 文字の名前がつけられたが，これとて「ジュゲムジュゲム……」の 130 文字超にくらべれば足元にも及ばない）。有限の音韻を組み合わせてどんな長さの語音でもつくることができ，原理的に語音の長さは無限でありうる。

② どの言語でも語彙（語集合）の大きさ（濃度）を特定することはできない。原理的に語音の長さは無限，したがって語の集合も無限でありうる。

③ どの民族でも最長の寿命を特定することはできない。原理的に寿命の長さは無限でありうる。

いずれも受け入れがたい主張であろう。実際には，これらの事象は（解析学の用語だが）「上に有界」というべきではないのか。文長の場合も同様で，ひとの一生をかけても発話し終わらない長さの文を認めるのは無茶というものである。したがって，こういわねばならない。有限の語彙の組み合わせでつくられる有限の長さの文の集合は有限集合である，と。実験心理学者が解答できない問題は，理論心理学ではこのように解かれるのである。

## 3　異性に惹かれるのは本能によるということについて

**仮説**　「男女がそれぞれ異性に惹かれ合うのは本能による」

今日のところ，この仮説の実験心理学的な検証は無理である。しかし理論心理学的にはまことに平易な問題で，遺伝規定性の「斉一性」および「還元不能性」により理論的に肯定される，と述べればよい。それ以上の議論はスペースの都合で省略する。

## 4 児童画の構造と機能について（最大対比の原理）

まずわかりやすい実験を引用してから論議に移ることにする。

**仮説**　「幼児のなぐりがきは活動欲求のあらわれである」

この仮説は実験的検証が可能であり，実際，実験心理学的に反証された。

J.J. ギブソンによるその実験はつぎのようなものであった。幼児たちを何人かずつの2つのグループに分け，一方のグループには紙と鉛筆を提供する。もう一方のグループには紙とスタイラス（尖筆－タッチペンのようなもので，紙に当てても描けない）を提供する。すると鉛筆をあてがわれた子どもたちは紙が真っ黒になるまで描くが，スタイラス・グループはすぐスタイラスを放り出してほかの遊びに転じた，という。ギブソンは，なぐりがきの機能は活動の喜びなどよりも，活動が紙に線状の痕跡を残すこと（活動のフィードバック）が重要なのだ，と結論した。今日でも学者のなかに支持するひとのみられるこの

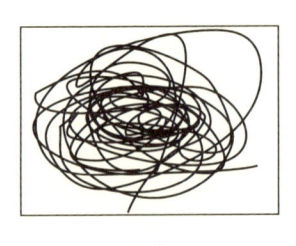

円状　　　　　　　　　　直線状

**図4-1**　2種類のなぐりがき

仮説は実験的に反駁されたのである（図4‐1）。

**仮説**　「児童画は（おとなの絵がモノの見え方を描くのと機能的に異なっていて）モノについて知っていることを描く」

　知的写実性という術語は半世紀以上前の児童画研究者リュケ（Luquet, G. H.）のものである。後にピアジェがこれを継承して，空間概念の初期発達段階がトポロジカルな側面から始まるという説に利用した。それ以後現代にいたるまでリュケの知的写実性という概念は実験的検証の課題として何度も俎上に載せられてきている（Freeman, & Janikoun, 1972; 田口，2001）。

　わたし自身はこの仮説は支持できるものではないと考える。ここでも実験心理学者の理論的研究の不足が指摘でき，周到な理論的準備なしに，性急に実験にとりかかる性癖が惜しまれるのである。そのことを検討するために，つぎに示すような2つの日常人にありふれた疑問を考えてみよう。

根問い①：「幼児画はタテ・ヨコの線とマルばかりでできているのはなぜか」
根問い②：「児童画では池周囲の木が横向きや逆立ちに描かれたりするのはなぜか」

　「なぜ」という問いは理論的に対処するしかなく，実験心理学は役立たずである。児童は2歳前後のなぐりがきで線描を始めるようになる。なぐりがきは，ことばの発達における喃語に対応する前記号活動で，ありとあらゆる方向の線があらわれる。このことは，喃語がありとあらゆる音韻を含んでいることに対応し，記号活動の発達初期に特

定の音韻（サ行やラ行の音など），ナナメ方向の線などが構成できないのは，運動技能の未発達のせいではないことを示している。線描きの分化において，最初期から制御される方向はタテ・ヨコのみである。タテ・ヨコのみという意味は，タテの線を模写させればタテの線を描き，ヨコの線はヨコの線で描くだけでなく，ナナメ線を模写させるとタテ（またはヨコ）の線を描く，ということである。この段階で制御される直線は方向が限られていて，徹底的にタテとヨコだけで，ナナメの線を描くということは起こりえない（図4-2）。

考古学者は掘り出された石器についてまずそのかたちを調べ，つぎにその道具の用途の推量にかかる。モノの構造によってモノの機能を推定するのである。わたしの考えでは，これは特別なことではない。人間の手足の構造の差とサルの手足の構造の差はちがっており，それは両種の手足の機能差を生み出すもととなる。機能が正しく分析されるためには構造の正確な理解が不可欠なのである。

おとなの描画はモノの見えかた（射影と略称する）を表現するのに対し，子どもの描画はモノについて知っていること（知識と略す）を表現する，というリュケの仮説を理論的に吟味してみよう。

3，4歳の子どもたちでも図4-3のような知覚的弁別はできる。タ

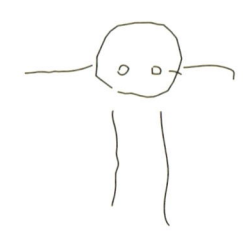

**図4-2** 初期の人物画

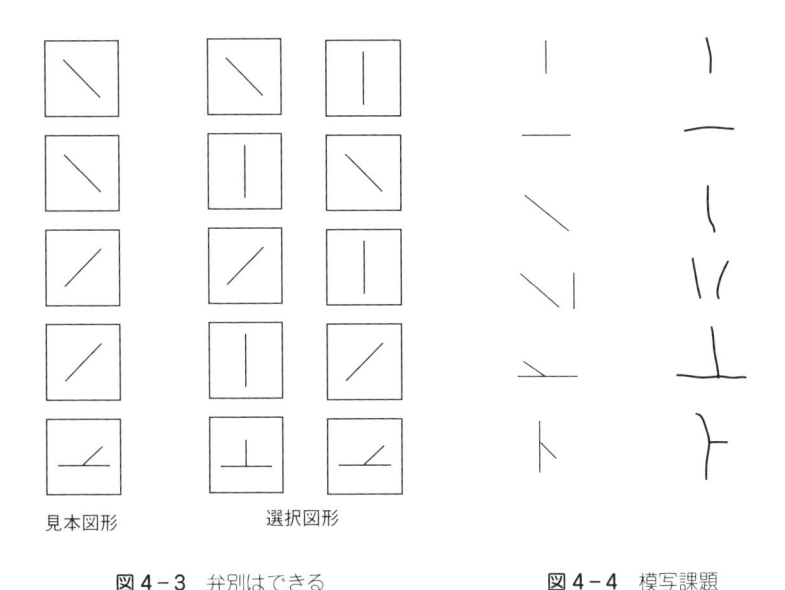

**図4-3** 弁別はできる　　　　　　**図4-4** 模写課題

テ・ヨコの線とナナメ線は見えのうえでは区別ができるのである。ところがこうした線をモデルにして画用紙に模写してもらうと，同じ子どもたちが図4-4のような模写になる。しかも試みに，「うまく描けましたか」と確認すると，「はい（うん）」と肯定するのである。

　子どもはなぐりがき（直線状または円状の反復で紙を真っ黒にする）からスタートし，やがて線描を用いる図式を手がけるに際して，はじめのうちは一方で円形，他方で線分を分化する。円は一定の曲率で運筆することにより描けるもの，他方，線分は曲率ゼロの運筆で描けるもので，両者は最大の対比関係にあることにご注意願いたい。そして線分ではただ2つの方向だけを分化するのである。それは垂直と水平でなければならず，ナナメの30度でも45度でもない。右上から左下方向でも，その対称でもなく，どんな方向の線分でもみな垂直・水平

の線分に置換される。知覚的弁別能力はおとなに遜色ないが，描くとなるとタテ・ヨコという手持ちの図式をあてはめる以外ないのである。なぜ垂直と水平が選ばれるのか，といえばその2つの対比効果が最大だからである。

子どもの線描はストロークがふらつきエラーが大きい。垂直線の模写がいつでも垂直になるとは限らず，どうかすれば10度も15度も傾いてしまうことがある。子どもたちの垂直模写のサンプルをたくさん集めて，端点で束ねると図4-5のようなエラー範囲が認められる。子どもたちがナナメの線まで欲張らないのは当然だ，と納得されるであろう。垂直水平が混同されることはさすがに避けられるが，ここにナナメの線まで欲張ればどの線を描いたか境界がわからなくなる恐れがあるからである。いわば慎重を期してこの2つが選ばれ，ナナメの直線まで図式に加えることは回避されているのである。

音韻の置換でも同様のことがあり，たとえば／サ／行の音から／タ／行の音への置換，「おとーさん」→「おとータン」のような置換はあるが，逆向きの置換，「おトーさん」→「おソーさん」のような置換は起こりえない。子どもは発音の獲得過程で /a/ と /p/ と

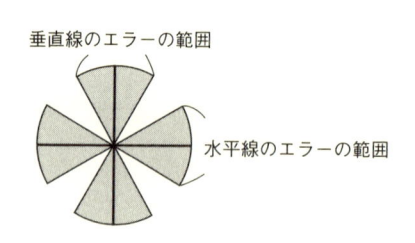

**図 4-5** 運筆エラーの範囲
（タテ・ヨコしか分化しない理由）

いうスペクトルのうえでも発音様式のうえでも対比が最大の音からスタートし，つぎなる最大対比の音を獲得するという段取りでついにはすべての母語の音を分化する。これがヤーコブソン（Jakobson, R. O.）の「最大対比の原理（Principle of maximal contrast）」という理論であった（この美しい理論もまたあまり心理言語学者に引用されることはないのだが）。この「最大対比の原理」は線画の発達でも厳格に働いているのである。

　以上を踏まえて，もう一段の「根問い」が生まれる。最大対比というなら，右45度と左45度の線分でも同じなのに，なぜタテ・ヨコが選ばれるのか，という問題である。それは（にわかには信じがたい説明かもしれないが）重力の作用（ただし間接的）なのである。

　図4-6には子どもの模写がナナメばかりになる例が示されている。ここではタテもヨコも（逆に）ナナメに置換される。その理由は一目瞭然で，あらかじめ用意されている下絵や枠組みに対して最大対比の

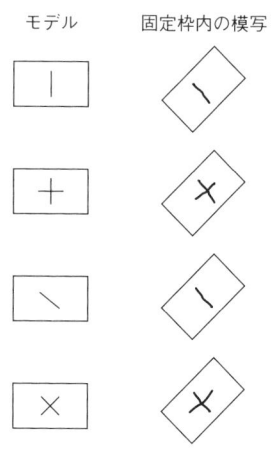

**図4-6**　ナナメばかりの模写

線を描くためである。子どもたちの線分の図式は正確にはタテ・ヨコではなく，互いに最大対比（直角）関係にある線分を使い分けるということである。子どもたちはみな「太陽（お日さま）」の絵を得意としているものである。かれらは決まって，まず「マル」を描き，そこに「光の線」をはやしていく。その方向は最大対比（法線）の方向になる。結局，子どもたちがタテ・ヨコを選ぶのは，画用紙の枠組みが水平・垂直方向に置かれるからである。それがなぜそのように置かれているかといえば，テーブル枠との整合関係によってそう置かれるのであり，また，テーブルは部屋との整合関係で，部屋は家との，家は……，などなど，結局すべては重力との関係でその配置になっているからなのである。

　以上で子どもの線分方向分化の初期段階の理論的な把握が終わった。（この初期段階には上述のように「マル」も分化される。曲率制御の発達に興味があるなら，須賀，1976をご参照願いたい）。この構造的分化を踏まえたうえで機能分析を行えば，児童画の機能を理解する仕方も自然に定まってくる。そして2つの仮説が設定されることになる。

### 仮説

**知識仮説「子どもはモノについて知っていることを描く」**
　**射影（見え）仮説「子どもは（おとなと同じように）モノの見えかたを描く」**

　図4-7はいくつかの図形をこの段階の子どもたちに模写させて得られる典型的な結果である。子どもは円と正方形（ひし形）の組み合わせでつくられた平面図形がそれぞれ別の図形であることを知っている（知覚的弁別ができる）。しかしみな同じように（マルとシカクという図式の組み合わせで）模写を行う。彼らはこれらを別の図と知っ

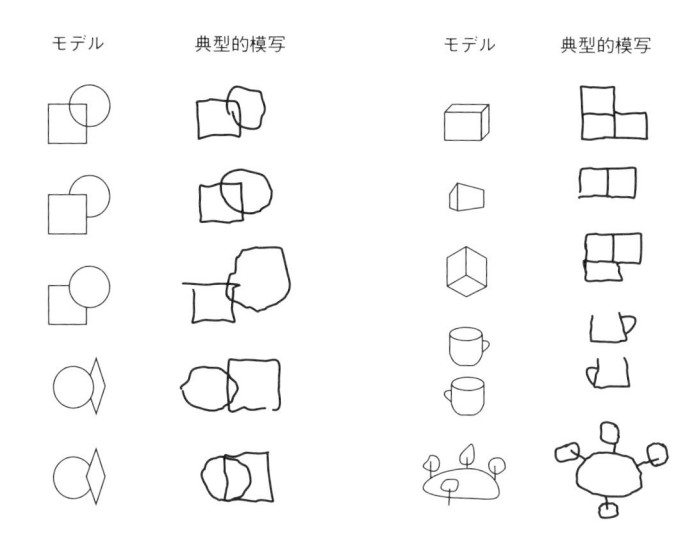

**図4-7**　「知識」か「射影」か（子どもの典型的模写）

ているが手持ちの図式を丸ごと組み合わせる仕方でしか描けない。「見えるとおり」描こうとしているが，この段階特有の構造的制約のゆえに同じようにしか描けないのである（ナナメの線をタテの線で描くのと同じ構造的制約の作用である）。実物のカップの向きを変えて（あるいはその写真を）モデルにすると，彼らはどちらも同じモノであることを認める。同じものと知っていながら，取っ手の位置を左右に描き分ける。「見えるとおり」には描けないが，「見えかたに対応して」描き分けられていることはわかるのである。

　描画の発達についてこの種の実験で「知識仮説」を検証する実験はこれまでにいくつもあったが，今なお，「知識仮説」が生き残っているのはなぜであろうか。理由は簡単で，機能を分析する前に，子どもたちが構造的分化をとげる原理である「最大対比の原理」に気づかな

いからである。構造分析なしに機能分析を行うのは困難というよりも徒労であり，それを強行すれば見当違いに陥る可能性が高い。実験心理学者は底の浅い分析で満足し，すぐさま実験に乗り出し，見当違いな結論にたどりつく。理論心理学的な構造分析を踏まえれば，①子どももおとなも「見えかた」の表現という機能を共有すること，②子どももおとなも手持ちの図式を組み合わる表現手法を共有すること，③それゆえに子どもとおとなは連続していること，④子どもからおとなへの進化は図式の豊富化であること，この4点が結論されることになる。ここでも理論なしの実験はさしたる成果を生まないことが示されるのである。

## 5 顔の静止画像の表情検出をめぐって

**根問い：「表情は顔の動きから生じるはずなのに，写真や絵から表情が読み取れるのはなぜか」**

「写真の静的な画像から表情を読み取ることができるだろうか」という問題ならば実験心理学は実験データを集めて応答できる。しかし日常人がその問いを発することはありえない。なぜなら，日常経験により，それは誰でも知っているからである。「読み取れるのはなぜか」というのがここでの問題である。そして「なぜ」という問いに実験心理学は応答できない。それは理論的な説明をもって応答すべきものだからである。

まずはいくつかの予備的考察から理論的分析をスタートしてみよう。

2人の作家（どちらも故人）をモデルとして，平素の表情がきびしそうなタイプとやさしそうなタイプの位置関係を示す（図4-8）。イラストにより表情を判断すると一方は柔和な笑顔に見え，他方は不機

　　　　　　　　明るい

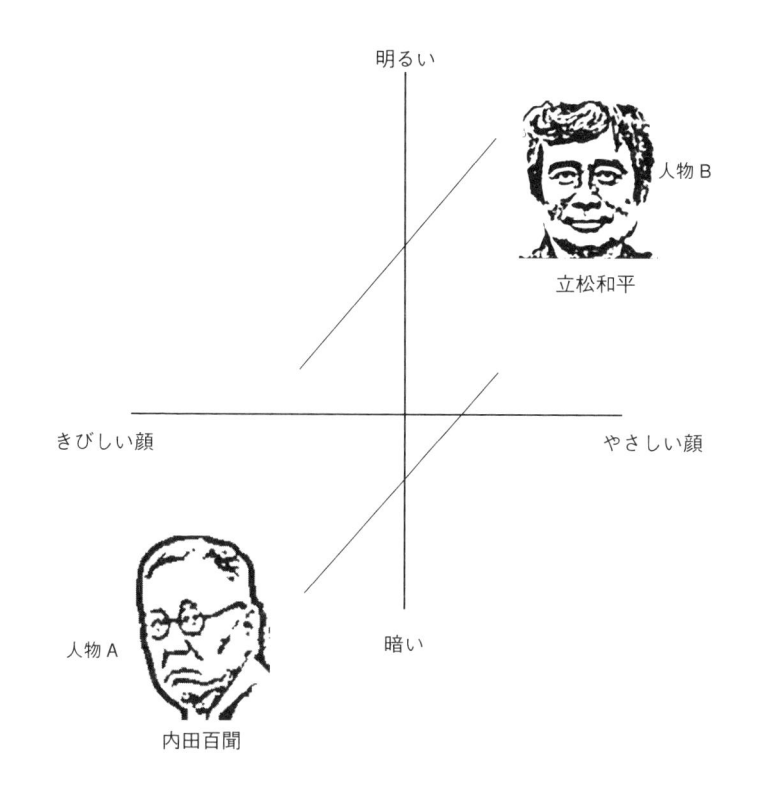

　　　　　　　　　　　　　　　　　　　　　人物B

　　　　　　　　　　　　　　　　　　　立松和平

きびしい顔　　　　　　　　　　　　　　やさしい顔

　　　　　　　　暗い

人物A

内田百閒

**図4-8**　2人の作家と表情変化の予想されるグラフ

嫌そうな顔で，まるで怒っているように見える。この2人のように，一方（人物A）の平静な表情が他方（人物B）の不機嫌な表情に近く，逆に人物Bの平静な表情がAの上機嫌な表情に近いということはありうることである。「表情の明るさ」という主観的な7段階評定を用いて平静顔と笑顔でそれぞれ2人の表情変化をくらべると2段階ほどの差があることがわかる。人物Aも人物Bも平行移動であって，一方が他方の変化とクロスすることはない（上田・須賀，2006。この研

第4章　例題の追加的分析と結論　055

究は日常人の関心に符合するらしく，2010年11月のNHKのテレビ番組「あさイチ」で紹介された）。この変化範囲を「表情の振幅」と呼ぶことにしよう。

　知覚の機能には視覚でも触覚でも聴覚でも順応（Adaptation）として知られるものがある。一種の目盛りあわせ（キャリブレーション[Calibration]）の機能である。これはたいへん重要な機能で，それによって環境のさまざまな変化に即応するように知覚体制の調整が行われるのである。もしこれがなかったら，白い紙は夕刻すぎには灰色から黒色の紙のように見えることになる。不快なにおいにはいつまでたっても慣れず，不快なままである。めがねをかけている人は，めがねを初めて着用した瞬間のことを思い出すことができるであろう。できたてのめがねを手渡されて着用した瞬間，（近視なら）外界が縮小して見えたはずである。もちろんこれは，1秒としないうちに調整され異様な見えは消失する。キャリブレーションは一瞬で行われ，知覚世界のゆがみは行動の障害になるほど長くは続かないのである。

　実は表情知覚でも同じことが起こる。表情知覚のキャリブレーション機能は心理学書で読んだ記憶がなく，知覚心理学者にもあまり気づかれていないのかもしれない。日常人はひととの交流のなかで，表情変化の振幅の個人差を特に困難もなく受信処理できる。セールスマンなどは何人もの初対面のひとの表情を処理しなければ仕事にならないからである。図4-8のAとBを両極としてわたしたちは，ほんのひとこと挨拶をかわすかかわさないかのうちに，相手がA-B軸のどの位置のひとかを見分け，キャリブレーションして表情を受信することができるのである。A型ならわずかな笑顔でもポジティブな気持ちをくみとり，B型ではちょっとした笑顔ではポジティブな気持ちとはいえない，と受け取る。逆に，A型のへの字型の口を見ても不機嫌とは思わず，B型では唇が一直線に結ばれると怒らせてしまった

か，と心配になるのである。

　以上のような表情受信の理論を設定して考えれば，「写真や絵から表情が読み取れる」ということは，AでもなくBでもなく日常もっとも頻度の多い平均的な人びとの表情変化にキャリブレーションした解釈である，というのが妥当な解答ということになる。ここでの問題は「なぜ」という問いなので，実験心理学には答えることができない。上に述べた理論心理学の解答は日常人にも納得しやすいものであろう。

## 6　反証主義（仮説を反証はできても証明はできないという主張）をめぐって

**根問い：「反証主義はそれ自体が反証可能な理論なのであり，突き詰めれば虚偽であるということにならないのか」**

　理論はなんのために必要なのかといえば，問題を解決するためである。日常人が折りに触れて思いつく疑問はさまざまで，なかには科学者の感銘を呼ぶようなレベルのものもある。これまで述べてきた問題はほとんどが理論的な問題なので，実験心理学的に対処しかねるものばかりであった。「科学的心理学はとりもなおさず実験心理学のことである」というのはどの心理学辞典でもみられる定義なのだが，これでは狭すぎるのではなかろうか。理論心理学の市民権を拡大すれば，上で調べてきたような問題にも科学的心理学者として解答することができるようになる。実験を至高のものとするゆがんだストイシズムを脱することにより，実験心理学自体もその間口を拡張することができるのである。

　ここでの問題は実験心理学の方法と密接な関連がある。まず，問題の背景を概観しておこう。

ある心理学辞典には理論という項目があり、そこにはつぎのようにある（Reber et al., 2009）。

「理論とは、経験的な知見の集合を説明するような原理の体系のことである。一群の公理とそこから演繹的に組み上げられる定理の体系（数学の公理系がその典型）は理想的であるが、心理学には、あいまいさのない予測を生み出して、実験的な検証に耐えるものはむしろ少ない。
　フロイドの人格発達理論は実験心理学的な検証にあたいするような特殊化された予測を生成せず、テストされようがない。色覚理論ですら三原色説、反対色説それぞれに一長一短があり、レティネックス説（網膜[Retina]と皮質[Cortex]の合成語で妥当性の評価は未決）が提案されてもいる。
　心理学ではひとたばの経験的知見にまじめな説明を与えようとする試みをプラグマティックに理論と呼ぶ」（予測という言い方が慎重に避けられていることに注意されたい）。

反証主義ということの吟味にあたり重要と思われるキーワードを取り出せば、**「特殊化された予測」**ということである。反証主義によれば、ある理論（または仮説）は問題事象について特殊化された予測を生み出すものでなければならない。実験結果はAになる（BでもCでもない）と予測することが要請される。そうでないと、結果がAでもAでなくても仮説は棄却されないので、実験的にテストしても仕方がないことになる。特殊化された予測と反駁（反証）可能性とは同じことに帰着する。実験的テストは仮説を反駁することはできるが、仮説を証明することはできない、という「確証と反証の非対称性」は反証主義の核をなす主張であり、このゆえに、反証できない仮説はまと

もな仮説とはみなされないことになる。つぎにあげる仮説の例を反証主義的に検査してみよう。

① 「すべては神のおぼしめしである」
  →　反証不能
② 「あらゆる伝染病をたちどころになおす呪文がある」
  →　反証不能
③ 「関節リューマチを引き起こす未知のビールスがある」
  →　反証不能
④ 「反証できない仮説を 10 個つくればどんな病気もなおる」
  →　反証可能
⑤ 「環境に適応した生物のみが種の保存に成功する」
  →　反証不能

　5つのうち反駁可能なのは ④ のみである。① はそもそもいかなる事象にも対応できる万能仮説で実験的反駁になじまない。② は万能仮説ではないが，多くの人びとにとって信じられないまやかしの仮説である。しかもこれを反証することは不可能である。どんな文句を唱えて無効であったことを報告しても，それではなくてほかにあるのだと言い逃れることができるからである。では反証主義が正しくて，反証できない仮説はとるに足らないものなのだろうか。必ずしもそうとはいえない。③ は同じ性質をもっていて，反証することができない。しかしこれに取り組んでいる病理学者がいるとしたら，日常人はそのひとを間違ったことに熱中する人として冷笑するであろうか。④ はこれらの裏側の仮説である。これは反証可能である。しかし誰もまじめに実験しようとは思うまい。⑤ はダーウィンの自然淘汰理論を簡略に表現した仮説であるが，これは（ポパー［Popper, K. R.］が指摘

するとおり）反証不能である。自然淘汰理論は特定器官の発生や大進化を必然のこととして理解させるような特殊化した予測を生成しない。その根本的な主張はトートロジ（「適応」と「種の存続」とは同義なので，いわば，三角形とは三辺からなる多角形だ，というようなもの）であるから経験的テストで反駁しようとしても歯が立たない。反駁不能な「適者生存の原理」は，しかしながら（生物学者を含む）多くの人びとに支持されている。

★★ 注4-2 ................................................................

特殊化された予測が生成されないのはダーウィン理論だけではない。ラカトシュを引用する（Lakatos, 1970）。

「ニュートンの力学と重力の理論のようにもっとも賞賛されるべき科学的理論にもとづいても，ある特定の事実を禁じるということはまったくできない。言い換えれば，ニュートンの理論といえども，特殊な予測は生成しないのであり，したがって経験的テストにより反駁することは不可能なのである。たとえば，ある惑星Pの軌道がニュートン理論により計算されたとしよう。しかしPの観察にもとづいて推定される軌道がその予測から逸脱していたなら，これによりニュートンの理論は反駁されたというべきであろうか。そうではない。惑星Pの軌道は未知のもうひとつの惑星$P_2$によってかき乱されている可能性があるからである。この$P_2$の質量や位置などがニュートン理論から計算されれば，$P_2$についての存在命題は理論のもうひとつの予測である。数年がかりで$P_2$の観測にたえる望遠鏡が開発されたとしよう。観測の結果$P_2$の存在が否定された。これによって，ニュートン理論は反駁されたというべきであろうか。またしてもそうではない。$P_2$は宇宙塵の雲によって観測不能であるかもしれないからである……。」

ラカトシュはこの議論を架空の物語と称している（Lakatos, 1970）。わたしはこの物語の具体的実例としてヒルガード（Hilgard, E. R.）らの「学習の諸理論」をあげたい。これはたいへんな労作であり，行動主義が活発だった時代の学習理論をめぐり，諸学派相互の実験的反駁

とそれに対する言い逃れのいつ果てるともしれない歴史を総括したものである。

　日常人はもとより科学者たちを含めても，ダーウィン理論のように反証不能な理論が支持されているという実情は反証主義の主張に適合しない。反証不能でも信じられている理論があり，反証可能でも偽り仮説がありうる。理論に反証可能性がなければならないという反証主義は実情によって反証されているのである。反証可能性は理論の要件ではない。では理論の要件はなにか。

　理論は問題解決のためにあるので，解決する問題群がなければならない。一群の問題を矛盾のない仕方で解き明かし，説明することが理論の重要な役割である。ある理論が解決できる問題群はあらかじめすべて明らかにされる必要はない。理論によって少なくともひとつの問題が矛盾なく説明されるならそれでよい。それ以外の問題に拡張されるかどうかはそれ自体が理論的な仕事になる。

　理論が説明に成功する問題群は「関連問題群（Set of relevant problems）」と呼べる。理論が説明を目指していない問題群は「不関問題群（Set of irrelevant problems）」と呼べる。たとえばダーウィンの自然淘汰説は生物種の起源と進化の諸問題を処理し，ニュートン力学は物体運動の諸問題を処理する。ニュートン力学は生物種の諸問題に関知せず，ダーウィン進化論は物体運動の諸問題に関知しない。あらゆる理論同士がこのように棲み分けて，（集合論の術語でいう直和分割の形式で）問題群を分け合うとは限らない。2つ以上の理論があって，一部の問題がどちらの理論でも説明され，競合し合う場合もある。色知覚の理論を例として図示する（図4-9）。

　2つの理論の関連問題群AとBが重なり，AがBの部分集合になる場合には（AがBにくらべて簡潔で美しいなど，特別の理由がな

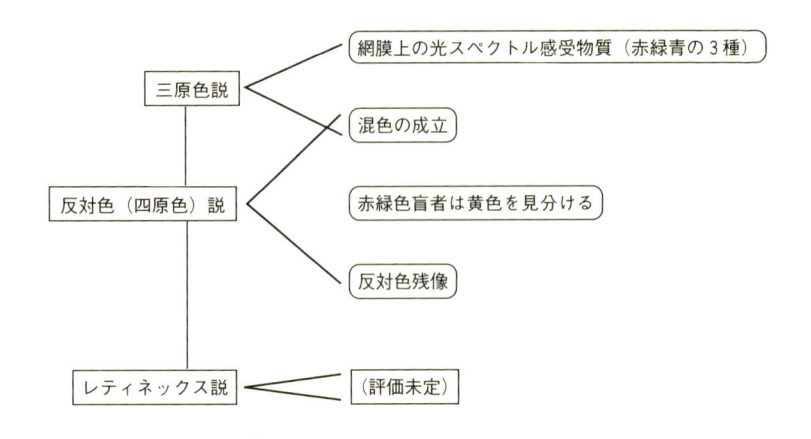

```
┌─色覚の理論─┐                    ┌─説明すべき現象（問題群）─┐

                    ┌─ 網膜上の光スペクトル感受物質（赤緑青の3種）
         三原色説 ──┤
                    └─ 混色の成立

                    ┌─ 赤緑色盲者は黄色を見分ける
    反対色（四原色）説 ──┤
                    └─ 反対色残像

       レティネックス説 ── （評価未定）
```

**図4-9** 色覚理論の守備範囲

い限り）一方の理論が無用になるのはいうまでもない。もしありとあらゆる問題をすべて解決できる理論があるなら，それは万能理論（Universal theory）となる。しかし万能理論は不可能であることが証明できるので（須賀, 1989），理論は棲み分けで並立することとなる。

さて，以上の予備的考察をへて，ここでの問題，すなわち，反証主義は（いずれ反駁を免れないので）突き詰めれば虚偽理論ということになるか，という問いをどう解決できるだろうか？

実験心理学は手の出しようもなく，沈黙するのみである。

理論心理学の答えは，否，である。反証主義という説がいずれ反駁されるということは反証主義それ自体からは導かれないからである。ただし，これまで考察してきたことを踏まえて，それで終わりではないといわねばならない。問題への解答は「否」であっても，反証主義

が正しいということにはならないからである。理論には反証可能性がなければならないという反証主義の主張は，日常人や科学者たちの実情（ニュートンやダーウィンの理論への頑健な支持ぶり）に照らしてみると成り立たない。いわば反証主義は実情によって反駁されているのである。

　理論の要件はなにか。まず，理論は内部矛盾を含んでいてはならない。そして理論はその関連問題を首尾よく解決するものでなければならない。この2つが充足されれば理論は承認されてよく，反証可能性の要請は無用なものなのである。

## 7　結論 ―理論科学の建て増しによるリフォーム―

　第3章,第4章を通して一貫していることはつぎのようなことである。

① 一世紀以上にわたり「科学的と自称してきた実験心理学」の社会的評価は低い。
② それは偶然のことでなく，実験心理学の体質がもたらす必然である。
③ その体質の中心は理論的研究を軽視し排斥することである。
④ この体質では「なぜ-どうして」という日常頻発する問題に答えることができない。
⑤ この体質から生まれる「科学的」研究は，その理論的探求の不足により底の浅いものが多くなり，誰でも常識として承知していることを追認するにすぎないことが多くなる。

　「科学的心理学」をリフォームして本当に科学的にするために必要なことは，**実験心理学が実験偏重の体制を脱却し，理論的研究を尊重**

するように改めることである。実験を軽視するのではない。そうではなくて，実験心理学の底の浅さを改めるためには，**理論心理学という分野を求め相互依存関係を築かなければならない**というのである。

いわば仕事部屋の増築である。理論心理学という分野を導入することによって，心理学ははじめて先進諸科学と似た研究体制にリフォームすることができる。専門的な理論研究は先進諸科学の標準装備である。しかし（先進諸科学を模範としたはずの）「科学的実験心理学」はその標準装備を排除してきた。そのため社会的に高い評価を得る科学者の役割を果たすことができず，日常人のネグレクトを受ける状態に陥ってきたのである。「科学的心理学」はその事情を改善しなければならない。理論研究のための大きな仕事部屋を建て増しすべきなのである。

実験心理学者が理論研究をあわせて行うのを禁じる必要はないのだが，先進諸科学の例をみる限り，専門的な理論家集団の存在が不可欠であるとすべきであろう。だが，はたして心理学の理論家は養成できるものなのだろうか。それは不明である。しかし理論家の輩出を求めるとまではいわないとしても，これまでどおり理論研究が抑圧され続けるのであれば，実験心理学は日常人の注目を獲得できない状況から脱出できないのである。

理論家養成の第一歩は比較的はっきりしている。それは理論家の研究誌への投稿を「思弁的」などという評を下してリジェクトするような，学会の積年の悪弊をただすことである。研究成果の評価をこれまでの実証という基準のみでなく理論的発見の尊重という基準をあわせもつ体制に改めるとともに，論文投稿要領に理論研究を歓迎するという一行を追加することである。

# 理論心理学からの提言(1)
――臨床心理学と実験心理学を理論心理学の視点からふりかえる――

## 第5章

　臨床心理学と実験心理学の両方をこなす心理学者がいないのはなぜか。これは（心理学科受験生や新入生によくある）日常人の根問いのひとつである。そもそも心理学が臨床心理学と実験心理学の2つに分けられているのはなぜか。これはもうひとつの日常人の根問いである。

　第一の問いに対して，実験心理学者のなかには「自分の研究分野をこなしていくのが精一杯で，隣接した実験分野すら手が届かないくらいだから，臨床心理学などはとても無理だ」と答える人がいるかもしれない（その種の感想をわたしは何度か仄聞している）。この答えは自分の生活をふりかえり内観した結果の報告であって，実験心理学者としての答えではない。実験心理学者としては実験で確かめられない限り問いに答えることはできないのであるから，これらの問いに答えることはできないのである。あるいはむしろ，実験心理学者には，それに答えてはならない，というタブーが課せられているというべきか

もしれない。

　第二の問いは心理学が実験と臨床に分かれているのはなぜかということであるが，上のように答える限り実験心理学者自身も同じように2つに分裂されていることになる。心理学の受講生は時間割によって実験心理学を受講したり臨床心理学を受講したりするが，上記の実験心理学者もまた実験心理学的方法に基づいた「科学的な」講義と日常人（つまり臨床心理学）の立場による（ここでは弁明的な）コメントを使い分けているのである。

　臨床心理学者ならこの問いにどう答えるのだろうか。人によってはつい肩をすくめるのを抑えられないかもしれないが，現状をあるがままに追認して，「両者は互いに棲み分けている」と言い，それ以上深入りするのを避ける人が多いと思われる。

　わたしの個人的経験からすると，臨床心理学は実験心理学者の間で評判がよいとはいえない。その種のアンケート調査はおそらく存在しないと思われるが，「実験心理学者の間で臨床心理学の評判がよいはずはない」ことは実験心理学の定義上からもあきらかである。臨床心理学にはそのような制約はない。よく知られた臨床心理学の理論は日常的人間観察と臨床的経験をふまえてつくられたものであると思われる。

　まず，臨床心理学の沿革を要約しておくことが必要であろう。わたしは臨床心理学者としての履歴をもたないのでシュルツ夫妻（Schultz & Schultz, 2000）の歴史的概括を参考にさせてもらうことにする。

　臨床心理学という用語はウィットマー（Witmer, L.）が19世紀末に導入したものだが，それは行動や学習に問題をかかえたひとたちへの心理学の応用をねらいとしたものであり，診断と処置を研究することにおいては今日の臨床心理学と軌を同じくしているが，領域は狭いものであったという。

1909年にフロイトがクラーク大学で行った最初の講義内容は，精神分析の基礎がブロイアー（Breuer, J.）に発すること，ケース「アンナ」の紹介，催眠という方法，カタルシス効果，幼児期の生活体験を思い出すことの重要性などの項目からなっていたという。ジェームズ（James, W.）やティチナー（Titchener, E. B.）などとも交流し，彼の講義はアメリカ心理学会誌に載り，また，カナダの心理学者ブルース（Bruce, H. A.）による熱心な紹介（63回に及ぶ雑誌記事と7冊の著書）などの効果もあって，「無意識」の理論は学会の枠をはるかに超えてアメリカ社会で広く歓迎され，その後の精神病理的な研究の大きな柱として位置づけられた（同時期に実験心理学の領域でロシアの生理学者パブロフの条件反射の理論が太い柱として位置づいたことは，どちらも心理学者でなかったという点で，興味をひくところである）。

　ロジャーズ（Rogers, C. R.）とマズロー（Maslow, A. H.）は互いに独立にフロイド理論とは異なるパーソナリティの理論を構想し，相似た理論化を打ち出した。ロジャーズは1940年代から活躍したが，マズローは主要な心理学雑誌から研究論文がリジェクトされ続け，著書を通じて発表できるようになったのは1950年から1970年にかけてであった。彼らの理論の特質は，第一にフロイド理論とともに行動主義学派によっても軽視され，極端には排除さえされてきた「意識」の重要性を提起すること，第二に健全な成人は「自己実現」を目指す（生得的な）傾向を有しており，それが充足されることが生理的要求や安全，帰属感や愛への要求の充足にもまして重要である，としたことである（いうまでもないことだが，ロジャーズの非指示的療法の思想はその表現であった）。しかしこのヒューマニスティック・サイコロジー（以下HPと略称）の理論が心理学の主流となることはなかった。心理学テキストでこの分野の紹介に割かれるページ数の割合は1パーセント程度にすぎず，その傾向は科学研究費の配分率でも同様であっ

たという。一方で心理学会メンバーにおいてメンタルヘルスの領域で仕事をするひとの比率は少なくとも50%を下らないという事実を考えれば，配分率とメンバー数の間の大きなギャップはたいへん興味深いことである。

　1980年代まではアメリカ心理学会役員のほとんどは実験心理学者によって占められていた。それは臨床や心的健康を専攻するひとたちがアカデミックな関心よりも対人－対社会的な仕事に従事しがちなことと関連があったと思われる。こうした関心の差異が配分率とメンバー数のギャップを説明するひとつの要因であろう。また，チョムスキーの出現に象徴される認知学派の台頭が実験心理学者集団内部でHPの枢要なポイントを代弁する役割を演じ，心理学における認知革命への強いインパクトを与えてHPの影響を希薄化した，というのがもうひとつの要因であったと思われる。

　1970年代には臨床心理学の理論にもうひとつの重要な展開が生じている。それはベック（Beck, A.）の認知療法理論に始まる認知行動療法（以下CBTと略称）の諸理論である。この理論はさまざまな発展を遂げ，実験心理学者たちの間に起こった認知革命と行動主義的伝統という相反的な思想を結合させてひとつの療法として結実させたような趣がある。ベネット－レヴィら（Bennett-Levy et al., 2004）のグループが唱える「行動実験」という主張にはその最も先鋭な理論化をみることができる。心的あるいは行動的障害の起因は障害者の認知構造の歪みにあるとして，それを矯正する方向に認知的仮説を再構成し，新しい認知仮説の当否を行動実験して検証するようにガイドする，というのが理論の眼目である。この抽象的な要約では意味不明に終わることを恐れ，意味モデルとして，クライエントとセラピストの相互作用経過をいくぶん戯画的にではあるが追加しておく。

ここでは，クライエントが対人恐怖のため市役所や税務署の窓口へ行くことができないと訴えているものとしよう。

セラピスト：お役人は嫌味を言ったり，怒ったりするに違いないと思われるのですね。どのくらいの確率でそんなふうになると思われますか？　窓口へ2回行くと1回はそんな経験をさせられるくらいですか？

クライエント：もっとです。どうしてもそんなことになると思えて仕方がないんです。

セラピスト：100％そうなると思われるわけなんですね？

クライエント：ええ，……いや，絶対そうなるとは思いませんが……。90％くらいでしょうか。

セラピスト：そうですか。では，そうならないことを想像してみることはできませんか？

クライエント：そうならない，というのは……。ああ，窓口の人が親切に応対してくれることですか？

セラピスト：ええ。もし，あなたがそういうふうに思えたら，出かけるのはなんでもないですね？

クライエント：どうしてもそうは思えないから，ここへ来ているのですけど。

セラピスト：きっと嫌なことが起こる，というのはあなたの信念なんですね。その信念の反対を仮定してみてください。考えることができますか。

クライエント：だから，窓口の人が親切に応対してくれる，と考えてみるのでしょう。

セラピスト：ええ。その新しい信念が本当かどうか，一度確かめに行ってみませんか。

クライエント：無理です。だから，ここに来ているので……。

セラピスト：わたしが一緒にまいりますから，心配は無用です。
　（機会があって，セラピストが一緒に役所の窓口へ出かける。それを踏まえて……。）
セラピスト：いかがでした？
クライエント：親切，というか，わたしが恐れていたようなことにはならなかったです。
セラピスト：あなたが，わたしのもとへ相談に来られたのは，窓口の人が嫌味を言ったり，怒ったりするに違いないと思われて役所に行きにくいから，というのでしたね。
クライエント：ええ。
セラピスト：あなたのご懸念と反対の楽観的な考えが現実に合っているかテストしてみて，いかがでしたか？　今後も嫌な思いをさせられることになると思いますか？　どのくらいの確率でそうなると思いますか……？　2回に1回くらいでしょうか？
クライエント：そうですね，5回に1回くらいかもしれません。もっと少ないのかな？

　このようにしてクライエントの症状は，対立仮説（新しい信念）が，それを検証するための行動実験によりサポートされ，同時に対人恐怖を呼び起こす歪んだ認知的信念が弱められることをへて改善されていくものとされる。信念をめぐる仮説検証の行動実験はクライエント個人内のことなので，クライエントに対して説得力をもつと想定されるのである。

　CBTの理論に限らず，臨床心理学（もしくは精神医学）のなんらかの理論が，ターゲットとする問題（関連問題セット）を適切に説明するのに成功するなら，その理論には理論的な価値が認められなけれ

ばならない。たとえば,「乳幼児期のできごとが成人期にまったく想起できなくなるのはなぜか」,「成人の身体症状が幼児期の体験を想起することによって解消するのはなぜか」などのフロイドの古典的な問題は日常人の関心を惹くに足るものであったし,また,今日でもあり続けている。カタルシス,言い間違い,度忘といったよく知られた概念もまた同様である。これらの理論的概念の当否を実験的な手法で検証することは(少なくとも簡単には)できない。もしそうならば,日常人にとって実験心理学は注目に値しないものとなる。他方それを処理するフロイドの理論は(日常人にとっては)興味を惹くものとなる。実験心理学者にとっては,しかしながら,このような臨床心理学の理論に価値を認めるのは自ら墓穴を掘るようなこととなる。実験心理学は(たとえ日常人の評判を落とすことになろうとも)実験という手法で解決できない問題を無視し続けるほかないからである。

　ではそのような臨床心理学の諸理論の妥当性はいかにして検証されるべきなのだろうか。検証なしのままに野放図に理論が提示されるだけでよいのだろうか。実験心理学者の側からこうした疑問が提示されることはありうることである。また本書の論議の筋道からしても,この点は等閑視できない。

　ちなみにいえば,日常人が臨床心理学的な諸理論の妥当性に疑いの目を向けることはあまりありそうにもない。研究者に対する「基本的信頼」があるためか,日常人の科学研究に対する態度は,関心のもてるテーマには身を乗り出し,そうでないテーマにはネグレクトを決め込む,というありかたであり,これは心理学に対しても同様である。日常人の間に疑い深い人がいないわけではないが,日常人の多くは研究者に対して基本的信頼をもって臨む。これがあるからこそ臨床心理学的な実践の場も成り立つのである。しかしここでは日常人的信頼を棚上げしたうえで,諸理論の妥当性がどのように検証されるかを問わ

なければならない。

　臨床心理学的な理論の妥当性検証は実験心理学的な手法とは異なった様相を呈することがありうる。理論の妥当性検証は実験心理学的実験に限られるとする狭い見方の正当性は明白ではない，ということに注意してほしい。実験心理学的な検証手法が唯一無二のものではないかもしれないのである。以下に検証のありかたを3つに分けて述べてみよう。

　鉄砲や大砲の開発はニュートン理論の成立より早かったが，現代のミサイルや宇宙ロケットの開発には軌道計算などでニュートン理論の応用が含まれている。どの国の開発でも発射実験は開発初期には失敗を重ねたが，しだいに成功回数を高めていった。つまり回を重ねるごとに誤りを修正して技術は進歩するのである。発射実験はニュートン理論の検証のために行われたわけではない（そうでなければ初期の失敗によってニュートン理論は棄却され，消滅しなければならなかった）。発射実験は理論検証のためではなく，理論への信頼をよりどころに行われたのである。失敗から成功へという技術の進歩は結果的にニュートン理論への信頼を増大させる（理論の事後的な認証と呼ぼう）ことになる。回を重ねて進歩するのはどのような理論の応用でも同じであり，20世紀前半のフロイド理論を基幹とした臨床実践は発射実験と同型の事後的な認証過程であったとみることができる。

　フロイド理論はこれに信頼をおく臨床家個人が個々の心的障害をもつ者との数週間から数年をかけた臨床的交渉を通じて応用され，そのような膨大な交渉結果はプライベートな理論検証の累積であったとみられるのである。個々の臨床家は（しばしば個々の枠を超えた相互教示，相互スーパーヴィジョンを媒介にしながら）経験とともに失敗体験の回数を減らし，成功体験の回数を増やすという経過をたどると推測される。そうでなければ，臨床的な仕事それ自体が早晩破綻に陥り，

仕事を断念するほかなくなるからである。臨床的な営みの効果についてわたしの知人（臨床心理学者のⅠ氏）が述べたことを引用すれば、（効果の有無を組織的に調査することの困難は別として）「効果があることを個人的には確信している」ということになる。この感想はプライベートな理論検証の事情を端的にあらわしている。

　個々の臨床実践の（個人内，個人間の）多重累積をフロイト理論の検証の一種とみるならば，検証の結果はそのような臨床実践の場の増大・衰退という社会現象それ自体で判断されるはずである。いわば社会的評価による検証であり，これが実験心理学の検証パラダイムに合致しないことをもって無意味であるというなら，その実験心理学者は夜郎自大というべきであろう。そして20世紀半ばまでをみる限り，一方で臨床的な場の「急激な拡張」がみられたとはいえないが，他方で衰退の傾向はまったくみられなかったのである。これはマズローとロジャーズの理論やCBT理論についても同じことである。社会現象による検証では理論の妥当性は棄却されなかったのである。

　　★★ 注5−1
　　　社会的評価はともかく，プライベートな理論検証というのは許しがたいことであると叱られるかもしれない。これは個人内部に閉じ込められた事象である。心理学は内観報告という手法から始まり，20世紀前半にはこれを禁じたという経緯がある。内観報告は虚偽報告を含む可能性がある。そのことは否定できない。もしそれを理由に，質問紙に依拠した研究を放棄する，というひとがいても怪しむに足りないとすべきであろう。上記のプライベートな検証は，しかしながら内観報告ではなく，単なる内観である。くりかえせば「個人内部に閉じ込められた」ものなのである。虚偽が混じるのは外部へ報告する場合であり，単なる内観には（誤りが含まれることはありえても）虚偽は生じえないことに注意しよう。

　　　他方，社会的評価は個々人の内観の一致の集積で，客観的なことで

ある。セラピストはいうまでもないが，むしろクライエントが相談結果を踏まえてセラピーを評価する。このようなクライエントの主観の集まりが世評をつくりだす。たくさんの主観による，この世評が社会的評価にほかならない。これは客観的である。なぜなら，客観とは主観と主観の一致の別名であり，それ以外に客観ということはないからである。オブジェクティブということばがしばしば誤解のもとになる。「モノに即して」あるいは「モノを媒介にして」ということは客観性を保障することではない。サッカーボールを媒介にして「球体」という認知が一致すれば，それをオブジェクティブな一致と呼んでもよいであろう。しかしそれはボールというオブジェクトのためではない。サッカーボールを介在させて対面する相手が半側失認という脳障害をもつヒトであるならば，「球体」というオブジェクティブな一致は成立しないからである。カントやヴィトゲンシュタインを引用するまでもないことであり，「閉じ込められた主観」が外に表出されて一致するということ，それが客観的ということにほかならない。オブジェクトの介在があろうとなかろうと，インター・サブジェクトの間主観的一致が客観性の唯一の根拠なのである。

　さらに付言しよう。内観によるデータを研究報告から排除することはできるかもしれない。だが日常生活から内観そのものを排除することはできない。人間は内観に頼りながら生活し，種の存続に成功してきている。内観の生物学的頑健性を見直す必要があるのではないか。ロジャーズやチョムスキーは正当なのである。1960年代にパリで開かれた学会で，B.F. スキナーは，引退後の生活について質問されて，"I will be engaged in my internal life." と答えた。これに対して質問者は驚いてみせ，「あなたも内的生活をもっていたのですね」と感想をもらした。

20世紀半ばを期して，上のような社会的評価の検証では満足せず，実験心理学的な手法による検証が試みられるようになった。その方法を図式的に示せば，類似した障害像を呈する人びとを被験者に見立て，

等質の2グループに分け，一方のグループには療法X（たとえば非指示療法）を施し，別のグループは何も施さない統制群とし，半年後の状態を比較する，というような仕方である。理想的には，事前のグループ分けのためのアセスメント担当者，セラピー担当の療法家，事後のアセスメント担当者をそれぞれ独立に選び，調査目的を知らせないで仕事に当たってもらうという盲検法を適用する。もっともこうした調査を細部まで理想的に統制して実施するのは難しく，被験者サイズが小さかったり，不揃いであったり，複数の療法を比較するだけで統制群がなかったり，症状の重篤度が研究ごとにまちまちであったり，などのことが生じる。

そうした困難な研究の蓄積を組織的にレビューしたものとして，たとえば1977年のスミスとグラスの論文（Smith & Glass, 1977）には500に達しようとする多数の研究が引用されている。また，1993年のリプシーとウィルソンの論文（Lipsey & Wilson, 1993）でも300強の研究が引用されている。そこで引用されている個々の研究結果から直接に示されることをまとめれば次のようになる。

① 療法Xの群と統制群とのあいだに（危険率5%で）有意な差を見いだすことができたものはほぼ皆無である。
② 療法X, Y, ……の療法間比較でも有意差を見いだすことができたものはほぼ皆無である。
③ にもかかわらず，（たとえ有意水準に達しない程度にすぎないとはいえ）療法を施した群は統制群よりもほぼすべての研究でよい判定結果となっている。実験心理学の規格を踏まえた（狭い意味の）検証においては理論の妥当性が支持されたとはとうてい言えそうもない。

こうして，個々の実験的検証を通じて妥当性が立証されたかといえばそうではないとしなければならないのだが，これら膨大な研究結果はシャピーロ夫妻（Shapiro & Shapiro, 1997）のたくみな表現を引用すればつぎの2点にまとめられる。第一に，心理療法はたくさんの療法学派を擁しているが，ひとつの障害にたくさんのなかのどの療法でも適用可能であり，逆に任意に選んだひとつの療法がたくさんの障害のどれに対しても適用可能であるという点で，テリアック（時代劇の薬売りが担いでいる越中富山の万金丹のような万能薬）を思わせるものがある。第二に，効果の大きさからすると偽薬（プラシボ）効果を思わせるものがあるが，偽薬以上の効果があるというためにはもっと厳密に統制された比較を積み重ねなければならない。

　療法の効果を検証する方法は以上に尽きるものではない。スミスとグラスおよびリプシーとウィルソンの研究では，引用された数百の研究結果をまとめてメタ・アナリティックな分析が適用されており，これが彼らの研究の狙いだったのである。その狙いの趣旨はこうである。100回のコイン投げを行えば，裏表の回数は50回くらいずつに分かれるものである。ところが上述の研究からすると，療法の効果研究では数百のほとんどすべてで（有意に達しない程度とはいうものの）療法を施した群は統制群よりもよい判定結果となった。結果から解釈すれば，療法の効果は表（効果プラス）ばかりで裏（効果マイナス）は絶無に近いのである。個々の研究で得られた効果は$t$検定の値に換算すれば0.2とか0.5とか0.8とか（－0.3，－0.5などの負の数値がないことに注意）であり，実験心理学的な検定法を適用すれば5％はもとより10％レベルの危険率でも20％レベルでも有意水準に達していない。

★★ 注5−2 ..................................................................
　自由度が無限大の $t$ 分布は正規分布にほかならない。自由度が 20 を超すなら正規分布に近いと想定してみると，$t$ の値が 1.96 を超えなければ（正確にはもう少し大きい）5％レベル有意ということにはならない。

　療法の効果研究の結果がすべて表（効果プラス）ばかりという事実を勘案して，個々の $t$ 値を総合する計量操作が工夫されるのは当然のなりゆきであり，リプシーたちはメタ・アナリティックな総合を施して ES（効果の大きさ）を 0.45 と見積もったのである（Lipsey & Wilson, 1993）。

　このような研究がその後も年々蓄積され，近年では療法間に効果の差異が認められないということは否定されるようになってきている（シャピーロ夫妻のいうテリアックの比喩は成り立たない）。簡単にまとめれば，以下のようになる。

① 療法の効果は療法の種類によって異なり，とりわけ CBT において高くなることが認められた。
② 療法の効果は偽薬効果より高く，その2倍くらいと見積もられた（Goodheart et al., 2006; Eysenck, 2004）。

　わかりやすさのために比喩を提示しておこう。風邪のひきはじめから完治までの日数が仮に平均 15 日で，標準偏差が 3 日とする。その場合，風邪をひいたひとの 95％は早ければ 9 日，遅いひとでも 21 日で治っていることになる。医者にかかって手当てを受けた効果サイズが 0.45 ということは，治るまでの日数が 1 日半ほど短くなるということである。CBT 群の効果サイズが 0.65 になるとするなら（これも通常の検定では有意水準に遠くとどかないのだが）完治までの日数が

2日半ほど短くなるということである。

　要約しよう。臨床心理学的な理論の妥当性検証に，実験心理学のパラダイムに従った手法を直接適用するのはたいへん困難をともなうのだが，不可能であるとはいえない。しかしそれが唯一の手法ではなく，個々の臨床家のプライベートな体験と実感，（その集積たる）社会的評価を介した検証，さらにはメタ・アナリティックな分析法がありうることになる。臨床心理学的な理論の検証を実験心理学的な仮説検証実験と同じレベルでとらえるのには無理があるとしなければならない。

　さらに議論を追加することを許されたい。フロイド，ロジャーズ，ベネット・レヴィらの理論はみなそうであるが，その関連問題のセットが大規模な理論の場合には，理論をつぶさに吟味した結果その内部に矛盾がみつかる，ということがないとは限らない。もしそうなら，それは理論の破綻であり，クークラ（Kukla, 2001）の定義では「理論的妥当性の確率はゼロ」ということになる。しかし丹念に吟味する理論家があらわれて矛盾を解消する手直しに成功したり，矛盾する命題を分離して複数の理論に分解し，新たな理論的展開をとげるようなことがないとも限らない。理論は仮に矛盾を含んでいても，その価値をゼロと即断して終わりとすべきではないのであろう。

　臨床心理学は異常心理（行動）を研究し，データ収集法がケース研究と内観であるという特殊性を有する。その特色との関連で多くの問題に直面し，しかも（実験心理学と異なり）直面した問題の難しさから逃げることができない宿命を負う。日常人が折々いだくさまざまな疑問に答えられるように，説明理論を探索する必要に迫られるのである。その意味で臨床心理学は理論心理学を内蔵している。ベルナール（Bernard, C.）の「異常を媒介にして正常を知る」という原則を考えれば，結局，臨床心理学は一般心理学を理論的に研究するものといっ

てもよいのである。すでに取り上げた例であるが，乳幼児期の記憶の想起不能を自我の未発達に帰するフロイド説は，近年の記憶研究がようやく研究し始めた自伝的記憶を半世紀前から理論的に予測していたともいえるのである。

　臨床心理学は内観を基盤とするが，実験心理学の手法を排斥するわけではない。上に引用したオックスフォード大学のCBT学派が実験的手法を心理療法に取り入れているのは臨床心理学による実験心理学的手法の応用ともいえる。臨床心理学の自由な気風は実験心理学の頑なな狭量（独りよがりなストイシズム）と対照的である。

　実験心理学が臨床心理学だけでなく理論的な研究一般を軽視するのは科学研究の方法を狭めることであり，理論的研究がもたらすかもしれない発展の契機を逸することになりかねない。「科学的心理学」を真に科学的にするために純然たる理論家の仕事部屋を実験棟と併設して，リフォームすることが望まれる所以である。

# 理論心理学からの提言(2)
── 「ことば－本能」仮説を理論的に検証する：MLAS の事例から──

## 第6章

　実験心理学の限界を乗り越えるための議論を重ねてきたが，保留事項があった。それは「ことば－本能」仮説について実験的検証が可能か，という問題である。「言語本能をもっていないモノ」が言語を獲得できるかどうかをテストするのは適切な検証法であり，類人猿についてこれが試みられてきた（注3-5参照）。わたしはコンピュータでこれを検証する MLAS プロジェクト（後述）に取り組んできている。

　「任意の人間言語を獲得できる」というのは健康な乳幼児の特質である。この能力を模倣するコンピュータ・プログラムの設計に乗り出すとき，少なくとも2つの理論的な問題と対面することになる。それはつぎのような問題である。

問題1　照応表現をその一例とする統語構造を機械に学習させるためにどのような学習方式を与えればよいか。

**問題2** モノのクラスや属性のような概念を機械に学習させるためにはどのような学習方式を与えればよいか。

★★ 注6-1 ........................................................

問題1について補足する。照応表現については注3-3をご参照願いたい。たとえば，通常の英文法では（日本の中学などでは）5つの基本文型が教えられる。（主語＋動詞＋目的語）という文型はそのひとつである。この文型では，主語として使用できるのは（John, He, Mary, She, など）であり，（him, her, himself, herself, など）は使えない。逆に，目的語として使用できるのは（John, him, himself, Mary, her, herself, など）であり，（He, She, など）は使えない，とされる。もしコンピュータにこの規則を与えて文をつくらせるとすれば，（Mary loves John）のような正常な文を出力することができるだけでなく，（him loves herself）のような誤文を出力することはない。他方，（She loves himself）のような誤文を出力することがありうる。上で「通常の英文法」と名づけた文法は，こうしてみるとコンピュータにそのまま鵜呑みで与えるわけにいかない文法であり，不完全な（チョムスキーなら，妥当性の欠けたという）文法なのである。この不完全な文法を教えられながら多くの中学生が正しい文章構成を行えるのはなぜなのだろうか。それは文法が教える以上のことを中学生が知っているからなのであろう（正しい文がつくれない中学生がたくさんいるのはなぜかという問題もあり，興味深い問題なのだが深入りはしないでおく）。以上はコンピュータに事前知識として文法を与える場合の適切な文法はなにか，というレベルにおける議論である。コンピュータに言語獲得を行わせるという場合は事前知識として文法を与えることはありえない。任意の言語を獲得させるのだから，特定の言語文法を選びようがないからである。この場合，コンピュータ自体に文法を発見させることが問題となる。どうすれば妥当性のある文章構成の規則をコンピュータに発見させられるかという問題である。これは実験心理学によってただちに解決をはかることのできる問題ではない。まず必要なのは理論なの

である。

★★ 注6−2 ……………………………………………………………………

　問題2について補足する。ここにはパラドックスが隠されている。(A)ある概念を定義する特徴（内包といわれる）が与えられれば，任意のモノがその概念に該当するか否か判断できる。また逆に，(B)概念にあてはまるモノのすべて（外延といわれる）が与えられるならば，その共通特徴を抽出することによって概念を定義する特徴（内包）を把握することができる。では，あらかじめ(A)(B)どちらの条件も成り立たない場合，概念形成はどのように進められるのであろうか。人間の乳幼児がイヌやネコのような概念を形成できることは疑いないが，それは(A)それらの共通属性を生得的に知っているからなのか，それとも(B)それらに帰属させうる事例のすべてを知っているからなのか。どちらかを承認できるか必ずしも明らかではない。天空を舞うタカの影におびえるプレーリードッグの生得的な逃避行動を思えば，動物が(A)のような能力をそなえていることはまったくありえないとはいえない。しかし言語獲得に利用されるコンピュータの場合は(A)も(B)もありえないとすべきであろう。そうでなければ，獲得ということにならないからである。ではコンピュータは(A)から(B)に到達するのか，それともその逆なのか。クワイン（Quine, W. V. O.）のパラドックスと呼ぶべきこの問題をいかにクリアするか。すぐ察知されるように，これはコンピュータに固有の問題なのではない。子どもが概念形成を行うからくりを説明するために解決しなければならない，言語獲得の内在的問題なのである（実は，言語や概念形成に特有の問題ではなく，たとえば運動視知覚などにも同型の問題が指摘できるが，詳論のスペースがない）。解決の方法はただひとつである。部分的な事例集合から共通特性を取り出し，その共通性の妥当性を検証していくという方法である。この場合，学習を評価する原理は「頻度」ということになる。

　問題1も問題2も，そこで要求されているのは実験心理学的な手法

ではなく理論的解決である。わたしが採用した解決法は，文章構成でも概念形成でも学習方式としては，「複数の事例を集め，共通な構造を取り出して集約する」という単純なものである。それでよい，という確信があったというよりも，それ以外の方法は（いくら考えても）考えが及ばなかったというのが真実に近い。その結果，「共通性を集約し，差異を分離する」という構想を文章構成法にあてはめて「単一語句のみ異なる二文を共通文型に統一する」という原理が発見された。原理の詳細は「単一語句差異の原理」という名で後述されるが，そこにみるとおり，この原理は照応表現を誤りなく獲得するのに必要かつ十分な原理であることが証明できるのである。

　他方，同じ構想を概念形成にあてはめた結果，クラス概念でも類概念でも関係概念でも，なべて概念は世界経験の具体的事例を蓄積してそれらの「共通性を集約し，差異を分離する」ことから生まれるという原理に到達した。この原理の詳細は「スクリプト基盤意味論」という名で後述されるとおりである。

　この「共通性抽出・差異分離」の理論は生得的言語獲得装置を想定するチョムスキー理論の対極にある。そしてこの方式で学習させるとどのような結果が得られるのかコンピュータにプログラムを与えて実働させるのは「共通性抽出・差異分離」理論の妥当性を実験的にテストする，という意味合いがある。言い換えれば，チョムスキー理論と「共通性抽出・差異分離」理論という対立軸での実験的な検証にあたるのである。

　わたしの行き方はまた，（トマセロに代表されるような）心理言語学者たちとも対照的である（チョムスキーのように対極に位置するわけではないが）。トマセロは「注意」や「社会関係」のように言語能力の外在的要因を説明要因として，子どもたちの言語実態を調査・蓄積しようとする。これに対して，わたしは実験などでデータを求める

ことを省略し，言語的直観を介して構成された理論を説明要因とする。そして，その言語内在的な理論を基礎にして構成される言語システムの性能を子どもたちの（あるいは，かつて自分が子どもだったことから内観できる）言語能力の実態と照合するのである。

　トマセロたちとわたしの行き方は対照的である。両者の違いは，言語能力の実態が調査をしなければわからないものかどうか，ということにある。言語獲得の謎を解決することの難しさは言語能力をめぐるデータ不足のためなのであろうか。もしそうならば実験や実態調査を重ねることが必要なのであろう。しかし実験や調査で集積される研究報告がわたしたちの言語的直観で知られることを超えるような瞠目すべき事実をもたらすことは，研究史をみる限りあまり期待されない。チョムスキーはその言語研究の基盤を母語話者の言語的直観に求めたが，それは実験や調査によって追加される新しいデータなどない，ということである。この点でわたしはチョムスキーに同感するものである。

　前置きが長くなったが，わたしの場合，ロボット製作といっても鉄腕アトムのようにどこから見てもひとと見紛うようなものをつくるのではない。わたしの目標は，人間乳幼児が「与えられた言語環境下でその言語を獲得する」能力のシミュレータを構成する，ということである。それは言語を選ばない。日本語でも英語でもあるいはスワヒリ語でもその他でもよい。そこでわたしはこの企画を多言語獲得システム（MLAS）と略称してきている。MLAS は Multi-Language Acquisition System の頭文字である（MLAS は何と読んでもよいが，わたしはエムラスと読んでいる）。

　「言語本能をもたない存在としてチンパンジーとロボットはどこに違いがあるのか」という日常人の根問いが生じそうである。その違いは簡単である。チンパンジーがどのような能力を有するのかすべてわ

かっているとはいえないとしても，その遺伝的特性は決定済みである。対照的にコンピュータの場合はあらかじめどのような能力があるのか不定である。事前の能力としてどれだけの能力を与えるかは設計者が決定することである。自然言語処理システム SHRDLU は数百の英単語と言語学者ハリデイ（Halliday, M. A. K.）の文法研究を参照した英文法のルールを有していた。言語の知識をゼロとして，パタン認識の能力だけを与えることもできる。あるいはまた，もしチョムスキーの体系が完成しているならば，普遍文法そのものを与えてスタートすることもできる（原理とパラメタがすべて詳細に定義されているようには思われず，残念ながらわたしにはそれは実現できない）。さらにまたコンピュータによる研究では，もし言語獲得の企画がうまくいかなければ，コンピュータの事前知識を改良することができる。この点がチンパンジーの場合と異なる。コンピュータの場合，原理的には企画が達成されるまで改良し続ければよいのである。

さらに補足すれば，言語研究には音声，統語，意味という3つの側面がある。MLAS はパソコン上で実働させる企画なので，音声のかわりにキーボード入力の文字列を想定している。MLAS は統語と意味の獲得にねらいを置いている。

さて，上に述べたように，MLAS は次の2つの対立仮説をめぐる実験的検証となる。

**仮説1**　「言語獲得は人間の言語特異的な本能による」
**仮説2**　「言語獲得は特定の原理をそなえたパタン認識の本能による」

企画が実現すれば仮説1は棄却され，仮説2が採択されることになる。ただしこの実験が実験心理学として容認されるかどうかは必ずしも明らかではない。ちなみに日本のある心理言語学者（A氏としよう）

に，この研究を学会発表したいと話してみたところ，その学者は「そんな研究があってもいいのかもしれませんね」と応じた。わたしは冷笑気味に与えられた気のない返事に意気阻喪してその学会で発表することをあきらめた。しかしこれには後日談があった。当時外国の大学で教鞭をとっていた心理言語学者（まさに同じ学会の学会運営の責任者のB氏）から，「あなたの研究の概要を仄聞したが，学会に招待するので講演してほしい」という電話（だったか依頼状だったか）をもらって驚かされたのである。わたしのみるところ，日本の心理言語学者はほとんどがA氏（心理言語学を専攻しながら言語獲得の問題に自発的興味のない）タイプで，MLASのような研究を理解する度量（だか力量だか）が欠けていると思われる。もしこの観測が正しいとすれば，科学者に寄せる世間的な信頼を実験心理学が獲得できないのは当然なのかもしれない。

　本章のテーマは「ことば-本能」という仮説を検証する実験が可能か，ということであり，実験は可能であることを上に述べたので，ここで議論をたたんでもよいところである。しかしチンパンジーの訓練結果だけではなく，MLASの理論やプログラミングの結果についてもその概要を記しておかなければ不審を買うことになりかねない。以下にMLAS理論の概要を述べるが，詳細を述べるのは煩雑を極め，多くのスペースを要するのでほとんど箇条書きに近い要約にとどめることにする。ただし，言語獲得の謎がコンピュータ上でどのように解決されるか，という日常人的な根問い葉問いを思い浮かべる人びとのためにいえば，1990年後半の取り組みで成立したMLASバージョン1については『ヴァーチャル・インファント』という著書が出版されている（須賀・久野, 2001）ので，これをご参照いただきたい。また「ことばと認知のしくみ」には井狩幸男氏によって（わたしにとってたいへんありがたいことに）MLASのわかりやすく的確な紹介がな

されており，手早い理解にはこれが推薦される（河野，2007）。なお，MLAS 紹介の URL を更新すべく目下構築中である（http://www10.ocn.ne.jp/~mlas/）。本章では以下に理論の要約を述べる際，そのところどころに［注］をつけ，やや詳しい説明と開発されたプログラム・モジュールの動作結果の紹介を追加することにした。

ピンカーは，チンパンジーの記号学習を統制した訓練者たちの多くが「生のデータ」の公表を拒否してきたことにふれ，「動物の能力について強く主張する人ほど，科学的評価を行うためのデータの提供が乏しい」とこぼしている。このようなあてこすりを受けないようにできるだけのことをしたいものである（開発済みのプログラム・モジュールを公開することへの要請を世界各国の研究者からメールでいただき，わたしとしてもそうしたいのだが，バージョン 2 の全体が完成するまで保留することをご容赦願いたい）。

さて，MLAS の企画概要は以下のとおりである。

# 1　その目標

乳幼児は与えられた生活環境とそこで使われる任意の言語を数年間で理解し使用できるようになる。(a) このような言語発達の経過をコンピュータを用いて模倣することが第一の目標である。(b) 目標がどこまで達成できたか評価し，その達成度の根拠と達成を妨げる障害を分析する。MLAS がどのようなからくりで乳幼児と同様な発達を達成できるのか，また，未達成な部分はどのようなからくりの不備によるのかを解明する。

## 2　その事前の言語知識

　自然言語処理システムは数多く制作されている（著書に発表されたものだけでなく，ネット上の翻訳システムなど実働しているシステムがどれほどたくさんあるかを把握しきれない）。それらと MLAS の特筆すべき差はシステムにあらかじめ組み込まれた言語知識の有無である。既成のシステムは規模の大小はいろいろであるが，特定言語（英語や日本語など）の辞書と文型－語形の変換規則などの知識があらかじめ与えられており，そのような事前知識の許す言語処理のみが可能である（英語データしか与えられないシステムは英語しか処理できない）のに対し，MLAS では辞書や文法規則が何も与えられない。MLAS は与えられた生活経験と言語経験に基づいて，任意の言語についての辞書と文法知識をみずから一歩ずつ習得していくシステムである。言語知識がなにもないので，MLAS の場合は習得する言語を選ばないという特徴を有する。日本語でもスワヒリ語でもその他何語でも与えられた人間言語を習得できるシステムなのである。

　これについて日常人の「根問い」が予想される。「では言語を獲得するのに前提となっている MLAS の能力は何なのか」という問いである。チョムスキーは言語固有の生得的能力を前提とした。心理言語学者の多くは（先述のトマセロのように）パタン認識（カテゴリー化）の能力を前提とした。そして，MLAS が事前にもっている能力は言語固有の知識ではなく，パタン認識の能力だけである。

　注意すべき点がある。チョムスキーの生得的言語能力は（ましてなおさら心理言語学者のパタン認識能力も）その能力の成り立ちが詳らかにされているわけではない。MLAS はパタン認識を核に据える点で心理言語学者たちと同じ側にいるのであるが，学習の方式が明示的に定義される。そうでなければ MLAS プログラムがつくれないのである。

## 3 MLASの生活世界

　言語的データが生活経験と一体になって（生活経験のなかに含まれて）与えられるのでなければ，MLASは言語を学習することができない。この点は人間乳幼児と同じである。先に「敏感期」を問題にする思考実験でとりあげた例を思い出してほしい。ある言語L1の話者が未知の外国語L2の使用される生活環境に迎え入れられて，乳幼児と同じように言語L2に「どっぷりと漬かって」生活するならば，そのひとが数年後にL2を完全にマスターしても不思議ではない，と想像したのであった。しかし，もし生活経験なしで純粋に言語データだけを豊富に与えられるだけの場合，このひとは首尾よくL2という外国語を身につけることができるであろうか。「意味を伴うことがなく，純粋に文章のつらなりを与えられるだけで言語を習得できるかどうか」という問題は前著（須賀・久野，2001）では「統語天才もしくは統語バカ」問題と呼ばれたが，これはサール（Searle, J. R.）の「中国語の部屋（Chinese Chamber）問題」の変異問題でもある。MLASの学習は生活体験とそこに含まれた言語データの関連によって進行するように設計される。

> ★★ 注6-3
> 　生活経験なしの言語データのみから統語規則を抽象することは不可能とはいえない。だが意味を問題にしないのでは言語学習とはいいにくいものがある。

　生活経験が与えられる場は小規模な仮想世界（以下でWと略称する）のなかである。そこには仮想人間として，数人の親きょうだいや知り合いの子どもたちが配置される（図6-1）。また，本，時計，猫など数種類の仮想物が置かれる。（ヒトやモノを増やすことは原理的

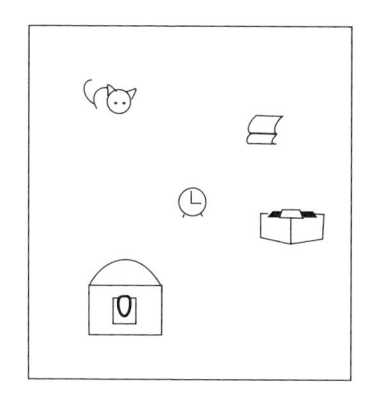

**図6-1** MLASの生活世界の例：モノ（左）とヒト（右）

にはいくらでもできるが，実際にはわたしの力不足のため小規模に抑えられている。）仮想人間やモノについてはコンピュータを制御する者（MLASの養育者またはケアテイカーと呼ぶ）がキーボードやマウスによる操作で制御し，移動させたり，指差しさせたり，話させたりする。時間の経過は生活と独立ではなく，ひとつの動作（話す，モノをつかむ，動く，など）が生じるのを単位として進むものとする。

★★ 注6-4 ……………………………………………………………………

　仮想のヒトやモノをコンピュータ上に定義するのは難題である。MLASの場合ヒトもモノもごく少数の属性の集まりとして定義される（これが実世界の実物からほど遠いものであることは認めなければならない）。たとえば，MLAS自体はつぎのように定義されている。
( ＊ MN0 ＊
　(( ＊ AGE ＊ 2) ( ＊ SEX ＊ MALE)
　　( ＊ KINSHIP ＊ (( ＊ MOTHER ＊ ＊ MN1 ＊ ) ( ＊ FATHER ＊ ＊ MN2 ＊ ) ( ＊ BROTHER ＊ ＊ MN3 ＊ )

第6章　理論心理学からの提言（2）

```
            ( * SISTER * * MN4 * )))
            ( * FAMILIARWITH * ( * MN5 * * MN6 * ))
            ( * POS * (( * X * 0) ( * Y * 5) ( * Z * 8.1))) ( * FACADE * 4.5)
            ( * BASE * 0)   ( * HEIGHT * 8.1)   ( * WEIGHT * 6.5)
            ( * CLOTHING * ((CASUAL  (( * COLOR *  (( * RED * 0) ( * GREEN *
            255) ( * BLUE * 255))))))
    ( * ACTION *
            (( * POINTAT * NIL) ( * LOOKAT * NIL)  ( * TALKTO * NIL) ( * LISTENTO *
            NIL) ( * MOVETO * NIL)
            ( * TAKEUP * NIL) ( * MANIPULATE * NIL)  ( * RELEASE * NIL) ( * CHOOSE
            * NIL)
            ( * APPEAR * T)   ( * IMAGINE * NIL)))
            ( * SPEECH * NIL)
            ( * WORLDIMAGE * NIL)
            )
    )
```

なお，目下新しい構想で仮想世界を構成することが試みられつつあり，そこでは仮想世界を拡大するとともに，可変性を与えて，しかも計算量を減らすことが検討されている。その改良のポイントは（人間の注意機能を模倣して）世界構造のすべてを取り込んだ計算を回避することである。

## 4　MLAS の生活経験

生活経験は W（生活世界）の変化で成り立つ。簡単のため MLAS，母親，絵本，箱の4つを要素とする世界を仮定すると，時点-1の世界はこのようになる。

**時点-1の世界**：母親，MLAS，絵本，箱などがそれぞれの位置に配置されている。

 W-1：｜母親　MLAS　絵本　箱…｜
 ［注：…に他のヒトやモノがあるなら別の世界構造となる］
  母親：　｜(性　女)　(年齢　33)　活動　位置　…｜
  MLAS：｜(性　男)　(年齢　2.5)　活動　位置　…｜
 ［注：ヒトの活動という特性はつぎのようになる］
  活動：　｜移動　指差し　把握　操作　発話　…｜
  絵本：　｜(タイトル　T)　(開閉　13ページ)　位置　…｜
  箱：　　｜(開閉　閉)(格納物　おはじき)　位置　…｜
 ［注：ヒト，モノ共通の位置という特性はつぎのようになる］
  位置：　｜X　Y　Z｜
 ［注：…にはヒトやモノに共通または固有の属性項目が並ぶ］

**時点-2の世界**：母親が身近にある絵本を手に持ってMLASに示し，「この絵本きれいね」と発話する。

 W-2：｜母親　MLAS　絵本　箱　…｜
  母親：　｜…(活動　｜…(把握　絵本)…｜)
     (発話　「この絵本きれいね」)｜
  絵本：　｜…(位置　｜(X　+dx)(Y　+dy)(Z　+dz)｜)　…｜

MLASは時点-1の世界（W-1）と時点-2の世界（W-2）をくらべて，両者の共通点と相違点を割り出すことができ，これをパタン認識のデータとして使用する。またMLASの生活経験は，時点が進むにつれ，つぎつぎと生まれる世界変化の系列にほかならない。上の例でいえば母親が絵本を取って指差し，「この絵本きれいね」と発話したということになる。つぎの時点-3でどのような変化を持ち込むかにより経験内容が変化することになる。これはMLASのケアテイ

カーの裁量で決まる。たとえば，このようになる。

　　W-3：母親が絵本を下に置く（手放す）。
　　W-4：母親が（離れたところにある）箱を指差す。
　　W-5：母親が「あそこに青い箱があるわね」と発話する。
　　［注：時点-4，時点-5をつぎのように変えれば別の経験が与えられることになる］
　　W-4：母親が（離れたところにある）箱のところへ移動する。
　　W-5：母親が箱を手に取って示す。
　　W-6：母親が「この青い箱になにが入っているかしら」と発話する。

　MLASの生活経験はこうして世界変化の系列から成り立つ。世界変化の系列はイベントの系列といってもよく，また，それをストーリーと呼んでもよいであろう。要するに，MLASのすべての学習は以下に定義するストーリーをベースに行われることになる。

● ストーリーの定義
　**時点変化にともなう世界変化（イベント）はストーリーである。**
　**ストーリーの系列はストーリーである。**
　**以上のみがストーリーである。**

　この定義に即していえば，MLASシステムにおける養育者の役割は，乳幼児たちの生活経験を模倣して，MLASが首尾よく言語学習を成し遂げうるように，バラエティに富むイベントをたくさん用意する，ということである。

★★ 注6−5 ........................................................................

　イベントの設計は簡単な仕事ではない。ひとつのイベントを持ち込もうとすると連動させなければならないことがたくさん生じる（フレーム問題を連想させられるものがある）。たとえば母親が本を指差して「あれは本よ」と発話するユニットでは，母親の属性成分である指差しという活動成分の属性値に本をセットするとともにMLASの注視成分にも同じ本をセットしなければならない。同じ注意喚起成分でも本を手に持って示す場合は，本が遠くにあれば適当な距離を移動して本を手に持つようにすることが必要だが，その場合は本の位置成分を適切な値にセットし直さなければならない。そのとき本が開いた状態であれば，これを閉じた状態にしなければならない，などなど。連動を要するすべての成分値をセットし直すのである。つくられた仮想世界は実世界とちがって連動すべき要素が自然に連動するということはないので，養育者役のものが逐一連動させねばならないのである。MLASの場合，こうした連動条件はあらかじめプログラムされた動作の関数群として構成されているが，それも仮想世界の定義の範囲で実行されるにすぎず，（たとえば本の表紙がどちら向きになるか，というような定義範囲を超えた事項など）実世界であれば自然に起きることが表面にあらわれることはない。仮想世界の定義に含まれない事項はMLASの経験からもれることになるが，そのことが言語学習にどんな限界をもたらすか，という問題が問われねばならない。これを「未設定事項問題」と呼んでみよう。実世界と仮想世界の間に未設定事項問題にかかわることがどれほど多く残されているのだろうか。わかりやすい例をあげれば，目，鼻，口，手，足などの身体器官やそれぞれの動作可能性などはまったく定義せずに放置されており，これだけでもたいへんな項目数である。仮想世界のヒトやモノの未設定事項は端倪を許さぬものがあり，さしあたりどれほど多くどれほど深いのか見当をつけることもできない。コンピュータ上に仮想ロボットをつくろうとするプロジェクトにはこうした未設定問題が高いハードルとしてつきまとう。

　結局のところ，仮想ロボットには限界があり，実世界で実動作する

実ロボットを設計するのが得策ではないか，という着想にいたるひとがあるかもしれない。実世界で実ロボットを設計するときこうした問題は生じないと想像するならそれは誤りである。実ロボット設計においても未設定問題が同じように生じることが避けられない。たとえば実ロボットの目に相当する装置を組み込むとしよう。カメラのような端末にはじまる光学情報処理システムにどんな性能を組み入れるべきであろうか。物体運動の検出とそれに必要な物体の形状認識は，それが達成されるためにどれほど多くの問題が解かれなければならないのであろうか。これもまた端倪を許さぬものがある。形の恒常性など光学処理システムの自動的キャリブレーション能力を解決するのは（今日の幾何光学的問題のレベルを超越した）難題である。あるいはまた，実ロボットにどのような手と指を組み込むべきであろうか。「Xという実物を握る」という機能はXに代入されるものがスパナの場合とタマゴの場合では同じではない。どちらか一方を処理するロボットは今でも存在しうるが，両者を含めてあらゆる形状・材質のものを処理するロボットは今日まだない。しかもそれは問題としてはむしろ軽微なものに属する。人間の手はつかむ対象がマシュマロ，タマゴ，野球ボール，トマトなどに応じてあらかじめ手掌の形状を異にして接近するが，これは視覚的弁別に連動して手掌の力の配分が決められていることを示唆する。実ロボットの設計には光学処理系の完成度と動作処理系の完成度だけでなく，両システムの連動性が設計されなければならないのである。

　仮想ロボットであれ，実ロボットであれ，ロボット設計は（おそらく際限のない）積み上げによる漸次的改良を要する。その積み上げの極限にはどんなロボットが予想されるのであろうか。ひとつの予想はヒト同等のロボットであり，もうひとつの予想はヒトを超えたロボットである（赤外線，紫外線を見ることができて，100メートルをミリ秒で走り，空を飛び，未知の定理をいくらでも発見し，最善の政治を構想できる，など）。ヒトを超えるロボットが（アシモフの三原則の誤謬を超えて）バランスよく設計されるためにはヒト同等のロボットがま

ず問題になるのであろう。そこにいたる際限のない積み上げを想定するかわりに、近年の生物学的発見を利用する可能性を想定したくなる向きもあるかもしれない。iPS（新型万能）細胞をベースに器官発生過程の制御技術を駆使してヒトの諸モジュールを構成し、これを組み合わせたヒューマノイドを構成しようとするのである。これはこれで（首尾よく達成されたとしての話だが）どのような養育プログラムが適切かという未設定問題が残ることになる。

## 5 言語学習の原理

　MLASは2つ以上の事項（X、Yとする）が与えられれば、それらの共通性を抽出したり、差異を抽出したりすることができる。XとYが生活世界の対象であれば、これによりモノやヒトのクラス、性や年齢あるいは色合いや大きさなどの属性概念、距離の大小関係などが抽出される。XとYが文、語などの言語情報でも同じことであり、語と語あるいは文と文の変形関係、文型の統合、句構造などが抽出される。XとYがストーリーである場合には、ストーリーデータの構造条件が許す限りで語の意味が獲得されることになる。いくつかの具体例を参考に供する。

```
        (X  Y)              共通性
①
(本₁  本₂)      (BK ( (Title Anyvalue) (Open  Anyvalue)
                    (Position Anyvalue)  Etc.   ))
②
(人₁  人₃)      (MN ((Age  2人の平均) (Sex  male)
                    (Action ((Pointing   NIL )  (MoveTo  NIL )
                        Etc.))
                (Speech  NIL )  (WorldImage  NIL )   ))
```

③
(人₄ 猫₁)　(Anyobject ((Sex　female)　Etc.　　))

　この例で①はどちらも本の場合に共通性抽出により共有の属性構造が配列されることを示し，これにより「本」というクラスが認識されることになる。②はどちらも人の場合の属性構造で「人」のクラスが得られる例である。③は人と猫に共通性演算が適用される例で，たまたま「性」という属性が共通なだけでなく，属性値が「女（メス）」で一致していることにより，モノのクラスではなく，属性が認識されることになる。

> ★★ 注6-6 ………………………………………………………………
> 　XとYとの共通性演算の実例をいくつか示せばつぎのようである。
> ① XとYが同一物の場合はXが返される。
> ② XとYが同一クラスの場合は共通の属性構造が返され，各属性の値は数量データ（たとえばサイズ）についてはその平均と分散となり，質的なデータ（たとえば性別，状態，家族構成）については同一ならそのまま，異なるなら Anyvalue とされる。
> ③ XとYがクラスを異にする場合は共通属性があればその属性が返される。
> ④ XとYの両方または片方が演算処理された結果の場合は，その結果を物に見立てたうえで①から③までの演算が施される。

　以上のような単純な方式で MLAS は統語と意味の学習を進める。そのとき使用される学習の原理を以下に記す。

## 6 統語の学習

**(1) 文型の統合原理―「単一語句差異の原理（Principle of one phrase difference）」**

　MLASには事前の言語知識がなにもない。主語，名詞，動詞，係り結びなどの文法的カテゴリーについてなにも知らないのである。単一の文ではMLASにはなにも分析できないが，2つ以上の文を比較して共通性と差異を抽出することにより，句構造，文法的カテゴリーなどを知ることができる。その知識は一般文法書の記述と一致するとは限らない。まず生活経験にともなって取得するスピーチデータから，文データを集めて文のコーパスを貯蔵する。学習の原理は以下に例示するような「単一語句差異の原理」に基づいている。

● **共通性と差異の抽出から語句のカテゴリーをつくる（日本語の例）**

　　2つの文または文型　　　　　文型と（＊　）内の語句カテゴリー
　　（「山　が　ある」「川　が　ある」）→「（＊　山　川）　が　ある」
　　（「山　が　ある」「山　は　ある」）→「山　（＊　が　は）　ある」
　　（「山　が　ある」「山　が　みえる」）→「山　が　（＊　ある　みえる)」
　　（「（＊　山　川）　が　ある」「（＊　川　山）　が　みえる」）
　　　　　　　　　　→「（＊　山　川）　が　（＊　ある　みえる)」

　単一語句差異の原理により，2つの文がひとつの文型に統合され，どちらも同じ文型に属することになる。また，上の例で（＊　）内の語句セットのような複数の語（句でもよい）が，同じ文法カテゴリーのメンバーとして登録されるという副作用が生じる。
　このようにして獲得される語句カテゴリーXとYが相互に等しいとみなされる条件をつぎのように設定しなければならない。

● 等カテゴリーの定義

(XとYがともに単一語句の場合)同一語句なら等カテゴリーである。
(XとYがともに語句セットで)一方のあらゆる要素と等カテゴリーの要素が他方にあり,逆も成り立つなら等カテゴリーである。
以上のみが等カテゴリーである。

2つの文の統合は両者の相違が単一語句のみの場合に限られる。2つ以上の語句が異なる文型統合は許されない。

　　「山　が　ある」「山　も　ある」→　「山　(＊　が　も)　ある」
　　("John is easy to please" "John is eager to please")
　　　　　　　　　　　　　　　→ "John is (＊ easy eager) to please"
　　>単一語句差異の原理に合致しないので統合不可能なケースの例示<
　　「山　が　ある」「川　も　ある」→　2箇所が異なるので統合不能
　　("John is easy to please" "Jack is eager to please")
　　　　　　　　　　　　　　　→　2箇所相違で統合不能

このように一語句ずつ統合を進めるのは不経済のように思われるかもしれない。それは言語獲得済みの成人の立場からの見方なのである。言語能力を成人の言語的直観から研究する立場と,乳幼児と同じゼロ状態から出発して成人の言語能力にたどり着こうとする立場は区別すべきものである。

> ★★ 注6-7 ..................................................................
> 　人間研究の2つの立場が区別されなければならない。ひとつは成人が自分の精神を自ら研究する立場でありあり,もうひとつは成人の精神を乳幼児と同じゼロ状態から構成しようとする立場である。美学や倫理学の形而上学的問題には20世紀余の研究を重ねてなおユニークな解に到達できないものがある。「美(あるいは善)とは何か」はその例である。これらにあてはまる事例は誰でも考えることができる。しか

しそのような事例を集めた集合は有限集合である。すべての事例を考え尽くすことは誰にもできない。また，各人が考える有限な事例集合が完全に一致することもありそうにない。研究者 A の事例集合に研究者 B から新事例が追加された場合に，それが A の理論にいかなる影響を与えるかあらかじめ決定することはできない。したがって研究者の相互作用はフレーム問題のような困難をまねく可能性があることになる。この事情は言語の研究でも同様である。チョムスキーはつぎの①，②の2つの事例をあげて（今では古典的な）深層構造の概念を提唱した。

① "John is easy to please"
② "John is eager to please"

しかしつぎの③④⑤⑥のような事例がいくらでも追加できることに注意しなければならない。

③ "The book is easy to read"
④ "The book is eager to read"
⑤ "John is easy to read"
⑥ "The book is eager to please"

これらは（与えられた文脈しだいではすべて妥当な文となりうるのだが）文脈独立な単文としてすべて妥当な文といえるであろうか。これについてあらゆる言語研究者の判断が一致するかどうか必ずしも明らかとはいえない。MLAS の場合単一語句差異の原理により①②は同一文型とみなされ，さらには③もやがてそこに組み入れられるであろう。しかし意味処理上では，スクリプトが異なる文脈が与えられることにより，2つのパタンに区別されることになる。加えて，④⑤⑥のような文については，それに相当する辞書登録が存在しないので，（後述の「時計さんが言いました」問題に関係するフィクションとして受け入れられる文脈なら処理可能だが）単文では解釈不能となる。

たとえ単一語句差異の原理による学習が不経済と思われても，この原理の採用にはやむをえない理由がある。それは二語句以上を異にする文同士の統合を許せば過剰一般化の過誤が避けられないからである。

つぎのモデルはそのことを例示するものである。

("He loves her" "She loves her") → " (＊he she) loves her"
("He loves music" "He loves himself") → "he loves (＊music himself) "
("She loves music" "He loves music") → " (＊she he) loves music"
("She loves music" "She loves herself") → "she loves (＊music herself) "
(" (＊he she) loves her"　" (＊she he) loves music")
　　　　　　　　　　　　　→ " (＊he she) loves (＊her music) "
＞統合不能のケース＜
("he loves (＊music himself) " "she loves (＊music herself)) "
　　　　　　　→　単一語句差異の原理に合致しないので統合不能

　単一語句差異の文型統合原理で獲得される文型は，文法学者によって提示されるつぎのような文型と似通ったかたちに到達するが，両者には重要な相違点がある。

　　文型 i → 　名詞句 1　他動詞 i　名詞句 2

　この定式における名詞句 2 は music や him や her だけでなく himself と herself を許容すると解されるので，照応表現が分離されないことになる。対照的に単一語句差異の文型統合原理で獲得される文型はこれを分離することができる。この利点はただ単にチョムスキーが束縛原理で論じる問題を自動的に解決することにとどまらない。照応関係は再帰代名詞の構文のみでなく，ヨーロッパ諸語における動詞の人称変化や修飾語の性・数変化，日本語の係り結び関係など，おびただしい頻度で出現する統語構造であり，これらを過誤なく処理できるようにする原理なのである。

## ★★ 注6-8

　照応表現はAnaphoraの訳語である。Anaphoraの語源をたどれば，たとえばエンサイクロペディア・ブリタニカには「同種表現の繰り返し」とあり，その例文はつぎのとおり。"To thinke on death it is a miserie. To thinke on life it is a vanitie."。語と語の係り結び関係は再帰代名詞だけではない。一例として動詞の人称変化を単一語句差異の原理がどんな具合に処理するか示しておく。

　　　　　原データ（178の文）：

((JE PEUT-ETRE FINIRAI PAR ACCIDENT >>) (TU FINIRAS PAR ACCIDENT >>)

(JE FINIRAI PAR ACCIDENT >>) (IL FINIRA PAR ACCIDENT >>)

(ELLE FINIRA PAR ACCIDENT >>)　(TU > HORS DE DOUTE > FINIRAS PAR ACCIDENT >>)

(NOUS FINIRONS PAR ACCIDENT >>) (VOUS FINIREZ PAR ACCIDENT >>)

(ILS FINIRONT PAR ACCIDENT >>) (ELLES FINIRONT PAR ACCIDENT >>)

　　　　　　　　　　　　…（中略）

(ELLE NE PEUT PAS CITER UN TEXTE >>) (NOUS NE POUVONS PAS CITER UN TEXTE >>)

(VOUS NE POUVEZ PAS CITER UN TEXTE >>) (ILS NE PEUVENT PAS CITER UN TEXTE >>)

(ELLES NE PEUVENT PAS CITER UN TEXTE >>) (PARIS DEFEND LES DROITS DE L^HOMME >>)

(MARSEILLE DEFEND ARDEMMENT LES DROITS DE L^HOMME >>))

　上記の178文データを単一語句差異の原理を核とする関数 #`SearchPhrase にかけるとつぎの結果が返される。

((JE FINIRAI PAR ACCIDENT >>) (TU FINIRAS PAR ACCIDENT >>)

(( ＊ IL ELLE) FINIRA PAR ACCIDENT >>)

(NOUS FINIRONS PAR ACCIDENT >>) (VOUS FINIREZ PAR ACCIDENT >>)

(( ＊ ILS ELLES) FINIRONT PAR ACCIDENT >>) (( ＊ JE TU) FINIS PAR ACCEPTER >>)

(( ＊ IL ELLE) FINIT PAR ACCEPTER >>) (NOUS FINISSONS PAR ACCEPTER >>)

(SANS DOUTE VOUS FINISSEZ PAR ACCEPTER >>) (( * ILS ELLES) FINISSENT PAR ACCEPTER >>)

(JE ( * FINIRAI FINIS (NE FINIRAI PAS) (NE FINIS PAS) (NE GAGNERAI PAS) GAGNE (NE GAGNE PAS)) DES EPREUVES >>)

(TU ( * FINIRAS FINIS (NE FINIRAS PAS) (NE FINIS PAS) GAGNERAS GAGNES (NE GAGNERAS PAS) (NE GAGNES PAS))

(( * IL ELLE) FINIRA DES EPREUVES >>)

(NOUS ( * FINIRONS FINISSONS (NE FINIRONS PAS) (NE FINISSONS PAS) GAGNERONS GAGNONS (NE GAGNERONS PAS) (NE GAGNONS PAS)) DES EPREUVES >>)

(VOUS ( * FINIREZ FINISSEZ (NE FINIREZ PAS) (NE FINISSEZ PAS) GAGNEREZ GAGNEZ (NE GAGNEREZ PAS) (NE GAGNEZ PAS)) DES EPREUVES >>)

(( * ILS ELLES) FINIRONT DES EPREUVES >>)

(IL ( * FINIT FINIRA (NE FINIRA PAS) (NE FINIT PAS) GAGNERA GAGNE (NE GAGNERA PAS) (NE GAGNE PAS)) DES EPREUVES >>)

…以下省略。

　この後，個々の単語の比較から形態素抽出の作業，さらに共通語尾の整理を行う段取りを要するのは当然である。

### (2) 頻度計数操作と語句の抽出

　語の連鎖を分析するには頻度の計数が主要な方法となる。語と語が連鎖をなす頻度をコーパス全体にわたって計数していき，頻度上位の連鎖を定形的語句の候補として選ぶことができる。頻度上位を候補として選択する手法は頻度原理と呼べよう。これは連鎖に限らず，さまざまな語句抽出に使用でき，実際 MLAS において使用される例をあげれば，(a) 選出された2語連鎖と他の語の連鎖，(b) 語句Aと語句Bに挟まれた語句，(c) 語句と文末形の対応関係，などである。

★★ 注6-9

　語句抽出関数の動作例を例示する。一連のストーリー・セットからスピーチを抜き出し（人間乳幼児が「あの時おかあさんはこう言ったっけ」と想起することに相当），小規模のコーパスをつくり，これから語の位置関係を取り出す関数である。

● **前後の隣接語を抽出する関数の動作例：**

?(PullOutConnection 'モノ)　→　(( ＊ オーキナ　アカイ　アオイ　クロイ　アル）モノ（＊ハ))

　最初の括弧内の語は「モノ」に先行する隣接語，最後の括弧内の語は後続の隣接語を示す

?(PullOutConnection 'アカイ)　→　(( ＊_E　ハ　コノ　アノ　アカイ（＊ハコ　トケイ デス　ワ ホン モノ))

[注：_E は Empty の略語]

?(PullOutConnection 'アオイ))　→　((＊ハ_E アノ　コノ）アオイ（＊デス　ホン　モノ))

?(PullOutConnection 'デス)　→　((＊ソウ　ホン　フミオ　オハジキ　イロ　チャン　ナツ　アオ　ネコ　アカ　ウスアオ　オトウト　ダレ　ナン　オス　サン　…）デス（＊，。ネ ヨ カ))

● **2つの語を指定して間に挟まれた語句を抽出する関数の動作例：**

?(ClipWordsBetweenTwo 'ニ 'マス)　→　（ニ（＊イキ　キ）マス）

?(ClipWordsBetweenTwo 'ニ 'ヨ)　→　（ニ（＊キタ アル イル（オハジキ　ガ アル）イク）ヨ）

?(ClipWordsBetweenTwo '(ワタシ ガ) '(マス 。))
　　　　　　　　　　→　（ワタシ ガ（＊シ イキ）マス 。）

　これらのデータは MLAS の内的辞書に書き込まれていくので，それを利用すれば MLAS はつぎのようなクイズに適切に応答できるようになる。

● **語の並べ替えクイズ：**

「ね　だ　わ　よ」　　　→　「だ　わ　よ　ね」

「です　なん　それ　か　は」→「それ　は　なん　です　か」
　　あるひとに MLAS のこのようなパフォーマンスをデモして見せたところそのひとの感想は,「そのくらいわたしでもできるわ」だった。

　事前の言語知識がゼロの場合,頻度のほかに頼るべき根拠はなく,これ以外の方法はない。頻度原理はコネクショニズムにおける節点間結合の強さ（重み）の変化をシンボリック・モデルで表現する手法とみなすことができる。この原理を用いると,誤データが混在してもエラー頻度が高くなければ影響されない,という利点がある。MLASバージョン 1 では頻度原理は実働していなかったので学習用のストーリーデータにひとつでも誤りがあると学習が収斂しないという欠点があった。人間乳幼児の取得するデータには誤データの混在が避けられない。これはチョムスキーのいう刺激貧困説のひとつの側面である。頻度原理の導入により,エラーの混在に影響されなくなるのは,バージョン 1 からバージョン 2 への改良点のひとつである。

## 7　意味の学習

　事前の言語知識をもたないことにより初期段階の MLAS は,ことばの意味をことばで説明する仕方では意味を学習することができない。初期段階では,生活経験とそのなかにあらわれることばの連関から意味を獲得するのみである。意味の獲得ではストーリーの共通性抽出操作と語の頻度操作とが組み合わせて用いられる。

（1）共通性による経験の型（スクリプト）の抽出
　意味を獲得するためにはまずストーリーデータの収集が必要である。乳幼児にはエピソード記憶を思い浮かべる機能があるものと想定

でき，それをシミュレートする検索機能を導入しようとするのである。MLASのストーリーデータ検索機能は多岐にわかれる。たとえば，「ひとがMLASに向かってつぎつぎと青い色のものを指差す」という構造を共有するストーリーを検索しすべてを束ねる，という適用例がある。要するに，ストーリーの特定構造に焦点化してそれを共有するストーリーのみを収集する機能で，焦点の当て方は自由である。スピーチに含まれた特定の語句でも話者が行う動作でも2人の対話者の対話パタンでもよい。これにより収集されたストーリーセットに上述の共通性抽出操作を働かせると，たとえばつぎのように，ストーリーの共通構造が得られることになる。なお，これは具体的ストーリーから区別してスクリプトと呼ぶ。

（スクリプト $_j$
　（時点 $_k$ （話者　任意の人 $_l$）　　← 話者は任意
　（動作　（指差し　青いもの））　← 本や時計の青いもの
　（スピーチ　「…（指示語など）『青い』…（対象語など）終止語」）
　　　　　　　　　← 共通語として「青い」が保存される
　）
）


(2) **頻度原理による語と意味の対応づけ**

　意味の獲得においても頻度原理が縦横に使用される。

　たとえば，「青いものを示す」というスクリプトを共有するストーリーをたくさん集めたセットは特定の語（「青い」，「青」）をスピーチのなかに含んでいる可能性が高い。このようなストーリーの集合がMLASの意味学習のデータとなる。

　注意すべき点は，MLASの学習する意味が通常の辞書とは様式が

異なることである。通常の辞書では語の意味は別の語や文章で示され，ことばの意味がことばであらわされている。このような「ことば基盤の意味定義」はことばをもたない段階のMLASでは成り立たない（後の段階なら可能になるが）。MLASの場合，意味はスクリプトそれ自身で表現され，スクリプト基盤の意味（Script based meaning）となるのである。したがってMLASの内的辞書には意味成分としてつぎのようにスクリプトが記録される。

| 語の見出し | 意味 | 文法カテゴリー | 文例 |
|---|---|---|---|
| 青い | (任意のもの (色 (Red 0) (Blue 255) (Green 0))) | 属性 | 「あれは青い箱よ」「この青いものはなに」 |

　ストーリーの集合から共通構造を抽出する演算はあらゆる構成成分に及び，どの人が何をどうしたかの共通成分だけでなく，スピーチの共通語の抽出まで行う。バージョン1ではもっぱらこの演算を用いて語とその意味をなすスクリプトの対応づけを求めていた。これに対してバージョン2では頻度原理を二様の仕方で利用し，対応づけを行うように修正されている。頻度原理は「遍在性原理（Ubiquity principle）」および「特異性原理（Specificity principle）」の2つに分けられ，それぞれつぎのように利用される。

(3) 特異性原理の利用
　「誰かが本を取り上げて発話する」という4つのストーリーの発話内容例：

"Look at this book."
"I should like to read this book right now."
"The author of this old book is my father, you know?"
"Oh, how expensive book!"

この4つの文から句読点を除いた語の頻度表を(語　頻度　出現率)の形式でつくる。

((book　4　0.12)　(this　2　0.06) (expensive　1　0.03)　(how　1　0.03) … (at　1 0.03) (look　1　0.03))

ここで最大頻度の語はストーリー内で焦点化された本という対象に対応する語となる可能性が高く，実際ここではそうなっている。焦点化される対象が変われば頻度表も変化する。焦点化の対象がモノではなくモノの属性（赤い，青い，男，女，など）に変わればその属性に対応する語が最大頻度を占める可能性が高くなる。例示しよう。

「赤いもの」をトピックとする5つのストーリーの発話内容例：
"A red book is on the right side of you."
"What is on the red book?"
"Yes, it is another red one."
"A red box is on the blue box."
"Okay, you can take away a red marble."

この5つの文から語の頻度表を(語　頻度　出現率)の形式でつくる。
((RED 5 0.13) (IS 4 0.11) (A 3 0.08)　　…　(BOOK 2 0.05)　　…
(ANOTHER 1 0.03))

ここでも，最大頻度の語が「赤という属性概念」に対応する語として選ばれることになる。特異性原理はこのようにして対象概念，属性

概念，関係概念などの実質的な概念に対応する語彙の獲得に役立つ。

★★ 注6-10 ……………………………………………………………………

わかりやすさのために単純な例示にとどめているが，実際にはこう簡単ではない。なぜなら本という対象を指しながら発することばは「あれは箱ではない」とか「この表紙が青い」のように「本」を含まないかもしれないからである。特異性原理の使用にあたっては，ひとつのストーリーセットで最大頻度の語を探すだけでなく，他のストーリーセットの頻度表と比較して変動幅の最大のものを選ぶ，ということが重要になる。

対照的に遍在性原理は機能語（文法的な機能をになう語）の獲得に利用される。遍在性原理はコーパス全体を通じて普遍的に使用頻度の高い語句を捕捉するための原理である。文構成機能をにない具体的な意味をおびない語（日本語なら助詞，代名詞，指示語など，英語なら冠詞，be動詞など）の特徴はどんな性質のスクリプト内の発話でも出現することである。実質的な意味をになう語は特異なスクリプトで出現頻度が高いが，その語を含む文を構成するために使われる「つなぎ役」の語はスクリプトを選ばないのである。

上で用いたモデルを合わせ，さらに他のスクリプトも合わせた35の発話文例（句読点を含めてある）の頻度表：
((. 28 0.12) (is 12 0.05) (, 8 0.04) (you 7 0.03) (a 6 0.03) (the 6 0.03) (I 6 0.03) (another 5 0.02) (box 5 0.02) (book 5 0.02) (do 4 0.02) (that 4 0.02) (there 4 0.02) (this 4 0.02) (not 3 0.01) ….. (how 1 0.00) (oh 1 0.00) (thatt 1 0.00) (should 1 0.00))
　　[注："thatt" という語はエラー入力されたものだが，MLASはそれと知らないのでカウントする]

この頻度表では終止点，休止点，be動詞，冠詞など機能語が上位にくる。MLASが経験した文のコーパス全体でつくられた頻度表は，当然のことだが，計量言語学のジフの法則（Zipf's law）に似かよったものとなる。この頻度表で上位に位置する語群はあらゆる特異的なストーリー群で頻繁に使用される語であり，その理由はそれらがなんらかの対象，属性，関係など実質的な概念を指す語ではなく，統語的つなぎ役の語だからと考えられる。

　MLASの意味獲得はつぎのような段階をへて進む。まず最初期段階では，頻出語のなかから機能語を分離してコネクタという文法カテゴリーをあてがって辞書登録する。つぎの第二段階では，特異なスクリプトにあてはまるストーリー群に特異性原理を適用して実質的な語を辞書登録していく。さらに第三段階では，発話の連鎖に特有な語（たとえば「あれは本です」に続く「あれも本です」における「も」），あるいは対話の掛け合いに関係した語（「…ですか？」に続く「はい（いいえ）」，あるいは「…はだれですか？」に続く「…さんです」）などの獲得に進む。最後の段階では，文のやりとりで新しい語を獲得するところにいたる。

★★ 注6-11
　機能語は（スクリプトが多種類含まれた）大きなコーパスをもとに構成される頻度表の上位10語から15語のように選ぶのがひとつの方法である。もうひとつの方法は性質を共有する特殊なスクリプトグループごとにコーパスを用意し，そのグループごとの頻度表で上位10語から15語を選び，グループ頻度表で上位語となる度合いが60％以上のものを選ぶ，というようにするのでもよい。この2つの方法のどちらでも選ばれる語を機能語とするのはより堅実な方法である。

★★ 注6-12
　会話特有のことばがある。それは必然的に文脈依存の性質をおびる。

たとえば Yes-No の使い分けは相手の発信したスピーチにより変わるものである（ちなみに MLAS では Yes-No の意味，ナニのような WH 語の意味もスクリプトで定義される）。

それらをどのように学習するべきかという問題は，言語による微妙な差を考えると（単一言語とちがって），多言語学習システムを設計するうえでは，簡単にはいかない。少なくとも次のような複雑さが指摘される。

● 「あれは本ですか？」型の質問の場合
① 指示物 X が対象を指すことばの意味 x と一致する
　　→「ハイ」（英語なら "Yes"）
② X が x と不一致
　　→「イイエ」（英語なら "No"）

● 「あれは本じゃないですか？」型の質問の場合
① 指示物 X が対象を指すことばの意味 x と一致する
　　→「ハイ」（英語なら "Yes"）
② X が x と不一致
　　→「イイエ」（英語なら "No"）

以上の場合は日本語でも英語でも同じ処理でよい。2 ユニットスクリプトの構造はこうなる。

((ユニット 1 (X と x の Match ／ Mismatch))(ユニット 2 (ハイ／イイエ)))

しかし日本語では以上ですまない場合がある。

● 「あれは本じゃないですよね？」型の質問の場合
① 指示物 X が対象を指す語の意味 x と一致する（文意〜 x と不一致）
　　→「イイエ」（英語なら "Yes"）
② X が語の意味 y と不一致（文意〜 y と一致）
　　→「ハイ」（英語なら "No"）

これを処理するためにはスクリプト構造をつぎのように 2 層化しなければならない。

((ユニット 1 ((X と語意の Mismatch ／ Match)(X と文意　Match

／Mismatch)))
(ユニット2（ハイ／イイエ)))
　英語などの場合はあらゆる2連スクリプトでつぎのような対応関係が学習される。
((ユニット1((Xと語意xのMatch／Mismatch)(Xと文意Anyvalue)))
(ユニット2（yes／no)))
　日本語の場合は第一ユニットの2層が（Match Match)（Match Mismatch)（Mismatch Match)（Mismatch Mismatch)の4とおりの対に応じて文末パタンをにらんで応答パタンが区別的に学習されなければならないことになる。

### (4) 文脈依存的処理の要請

　意味がスクリプト基盤で獲得されることの副作用には注目すべき点がある。スクリプトが複数ユニットの連鎖で構成される場合，意味は文脈依存性を有することになるのである。ウィノグラードら（Winograd & Flores, 1986）はコンピュータによる実用的意味（pragmatics）理解の不能性を主張し，その理由として文脈ということがコンピュータではありえないためと述べた。MLASが文脈依存的な意味処理を実行する実績はまだ部分的にとどまり，あらゆる側面で実現済みであるとはいえないが，その理論的な含みを以下に例示しておく。

　質疑応答パタン1
　(時点-1　(
　　　　　　　(話者　任意の人$_1$)　(相手　任意の人$_2$)
　　　　　　　(指差し　任意のもの$_1$)
　　　　　　　(発話　「あれは『語－もの$_2$』ですか？」

                    "Is that a NameOfObject₂?" )
            )
(時点-2  (
         (話者　任意の人₂)　(相手　任意の人₁)
         (発話　「いいえ，ちがいます。」
                   "No, it is not."   )
         )
    )

| 語の見出し | 意味 | 文法カテゴリー | 文例 |
|---|---|---|---|
| いいえ<br>no | ((ユニット₁における指示対象と発話の意味が不一致)<br>(ユニット₂の発話)) | 応答語 | 「いいえ違います」<br>「いいえ」 |

　「いいえ」という語の意味は「発話1が疑問形で質問文が不一致パタンの場合に応答文で使用される」というスクリプト形式を用いて表現されている。この説明自体はことばで説明されているが，スクリプト基盤の意味表現はことばによる説明にはない特質がある。たとえば，A，Bの2人が対話しているそばを通過する第三者Cの耳にBの「いいえ」という発話がとどいたとしよう。するとCは辞書のスクリプト記述に従って，「AがBに向かってなんらかの発話をし（第1のイベント），それに対してBが否定的な応答をした（第2のイベント）」というダブルイベントを想起することになる。ただひとつの語を聞いただけでダブルイベントの想起が強制的にひき起こされることに注意されたい。この強制性は，たとえばわれわれが難解な抽象表現を理解

しようとする場合に起きる，ことばの理解を媒介にする遅延をともなう過程と異なり，無媒介的で瞬間的な強制性である。Cの耳にBの「それはわたしの本じゃないです」という発話がとどいた場合も強制的なダブルイベントの想起が起こる。あるいは，Bの発話が「ここにもiPodがある」だとすれば，すでにもうひとつのiPodがA，Bの間で話題になったことをCは想起せざるをえないのである。このような文脈依存性はこの種のダブルイベントに限定されない。「部屋が暗くなったな」という誰かの発話により別の人間が明かりを点灯するために立つ，「時計をお持ちですか」に対して相手が「3時半です」と答える，などの実用的な意味理解は関連するスクリプトを蓄えてさえいればMLASで生じても不思議ではない。

　文脈依存性は意味の獲得だけの問題にとどまらない。統語研究では独立した単文が研究対象となるのがもっぱらなので，文脈依存の統語研究は掛け声だけの理論的な可能性の域を超えていないように思われる。しかしそれでは見逃されがちな問題が残ることになる。たとえば，「窓ガラスが割れている」に続けて，「いったい誰ハ割ったのだ」というのは非文とみられるだろう。しかし，「それガ太郎ハ割りました」の非文性が明白なのに比べると，「いったい誰ハ…」の非文性はやや弱い。次の文にいたっては単文としてみてどれも非文とはいえないという判断がありうる。

① 太郎ハ次郎ガ責任を痛感していると思う
② 太郎ハ次郎ハ責任を痛感していると思う
③ 太郎ガ次郎ハ責任を痛感していると思う
④ 太郎ガ次郎ガ責任を痛感していると思う

　しかしわたしの内観では②④の2つの文は，単文としては不自然で

あり，そのようにいわれる文脈を考えたうえで初めて認められる文のように思われる。「どれも非文でない」という判断はこのような暗黙裡の文脈構成がなされた結果なのではなかろうか。

　以上のような文脈処理は残念ながらMLASでは完全には実現されていない（実現されているところは部分的なものである）ことを断っておかねばならない。これはMLASを成人レベルのシステムに仕上げるために越えなければならないハードルのひとつである。このハードルを乗り越えるうえで必要なことは複数ユニットのストーリーをたくさん構成することである。この仕事の困難は，わたしにとってどちらかといえば論理的よりむしろ物理的な性質をおびているものであり，原理的な不可能とは思われない。原理的にできないとするウィノグラードらの意見に，わたしは同意できないのである。

　文脈処理の問題は重要な問題である。しかし乗り越えるべきハードルはこれだけではない。残されている重要な問題を（そのすべてというわけにはいかないが）理論的な解決策の予想も付して，最後にまとめておくことにする。

## 8　残されている諸問題

(1)「埒もない」問題
　きちんとした統語規則に合致しない文や語句が存在するものである。日本語で例をあげれば，「埒もない」という語句は「能力はない」「能力がない」「能力もない」という語句と性質を異にしていて，「埒がない」「埒ハない」という言い方はできない（歴史を遡ると明治時代にはこの言い方がなされていたようではあるが）。「埒」という語は「埒もない」という成句に埋没し，名詞としての独立を失ったかのようだが，「埒をあける」，「埒があく」などをみればそうともいえない。この語は結

合可能性という点で他の名詞と異なっているのである（ちなみに統語規則に合致しない文としてチョムスキーは，"The sooner the better"をあげている）。このような例外的事例を（理論的に扱いにくいという理由で）研究対象から除外することは許されるであろうか。チョムスキーは言語を核心部と辺縁部に分け，普遍文法のパラミタを設値することによって決定されるシステムを言語の核心部と定義している。

　もし辺縁部とされるものがどれほど多くの文型・語形を含むものか既知であるか，または普遍文法の詳細が決定されているかするなら，この主張も了解される。もしそうでないなら，普遍文法という主張は理論というよりむしろ研究対象の削減にすぎないことになりかねない。カール・フォン・リンネの系統樹にカモノハシやジャイアントパンダは含まれていない。しかしカモハシやパンダを辺縁部動物として除外するというなら博物学者たる資格に疑いをもたれても仕方がないのではないか。「埒もない」と相似た語句は「性懲りもない」，「益体（やくたい）もない」，「屁でもない」……と，いくらでも探せそうである。英語でも"You had better going to cinema"などいくらでもありそうである。言語の理論に合理性を要求するのは正当である。だが，言語それ自体にアプリオリに合理性を要求するとすれば，その正当性は明白とはいえまい。それゆえにMLASはコーパスに含まれるあらゆる文をデータとして受け入れ，そこから頻度原理をフィルタとして文型を構成するのである。

## (2)「美しい」問題

　ロボットに感情処理を持ち込むことは不可能だろう，というのが日常人の共通の信念である。スクリプト基盤の意味論からみると，感情の処理（言語レベルでいえば「快−不快」，「満足−不満」などの適切な理解）はロボットに擬似ホメオスタティックな代謝機構を持ち込む

ことによって可能性が見込まれることになる。しかし「美しい」とか「正しい」，あるいは「社会的」とか「道徳的」とかのことばを理解するという問題は別種の困難をもたらすものである。「美」ということばの意味は誰にも決定できない。それは「美」という概念を限定することができないことによるのである。

　スクリプト基盤の意味論では概念システムを 2 つのサブシステムに分ける。そのひとつは直和分割（direct disjoint）概念システムであり，ここでは概念は A もしくは〜A に割り振られて境界が明瞭である（男 対 女，オレンジ 対 バナナ 対 メロン 対 その他，政治家 対 裁判官 対 その他，など）。もうひとつは極性（polar）概念あるいは非直和分割（non direct disjoint）概念システムであり，この場合境界が不明瞭であるとともに，概念は両極端についてのみ使用される（これ 対 あれ，大きい 対 小さい，など）。どちらの概念もそれを成立させる属性群は固定していない。丸くて赤くすっぱいフルーツもリンゴであるし，スライスされた緑色の甘いフルーツもリンゴでありうる。定義の浮動性はダチョウ，カモノハシ，パンダなどの分類を迷わせるもととなる。スクリプト基盤の意味論は範例基盤（exemplar-based）の意味論に近い。

　MLAS は「美」の概念についても他の概念と同様に，それを含んだスクリプトが与えられる限りにおいて，学習することができる。たとえば，誰かがモノの直線的配列を指差して「きれいに並んでる」と発話するストーリーが 5 なり 10 なりあれば「きれいに並ぶ」という語句の意味は直線状の配列というスクリプトとして辞書登録されることとなる。MLAS が「美」について学習できることは，結局，「きれい」とか「美しい」とかのことばが含まれたスクリプトがどのように構成できるかによって決定されることになる。たとえば，①秩序の構成（上述の直線を含むかたちの秩序，文の脚韻，数列的構造など），②典

型的-平均的特性（平均から逸脱するものは美しいとみられにくいもので，ダリやボスの絵画を一瞥して「美しい」と思うひとはいない），これらは仮想世界内の構造として構成できる。そしてこの2つだけで人間が「美」を感じることの非常に大きな部分が被覆されることに注意されたい。

　原理的には上述のとおりなのだが，この奥にひとつの問題が生まれてくる。MLASの実働スクリプトとして構成されたものは上記の議論のうち，「きれいに並んだ」あるいは「まっすぐに並んだ」というものに限られるが，これについても，ストーリーがつくられればただちに学習ができるというわけにはいかない。学習ができるためには直線性という空間的秩序を検出する能力がMLASになければならないのである。あらゆる個数の点集合について，すべての点が（方向はどうでも一定の誤差を許して）直線上にあるというパタン認識機能をMLASに組み込んでみると，その先に膨大な仕事が待っていることに気づかざるをえない。円や楕円，直交性や平行関係，対称構造など，ゲシュタルト心理学者が「よい形」と名づけたパタンを検出するアルゴリズムをすべてMLASに組み込むことが必要になる。要するに，MLASには人間と違って知覚機能がないという特徴があり，これを補う仕事が必要なのである。個々のアルゴリズムは単純であり，原理的にはいくつでもできるであろう。しかし，人間と同じレベルに仕上げるのは難しい。言語獲得に必要なのは言語能力だけではなく，知覚能力が不可欠なのである。

(3)「時計さんが言いました」問題

　子どもは「時計さんが言いました」のような表現を読んでもらって楽しむことができる。かれらは時計が話せないことを知らないのではない。MLASの設計ではこのような文については，時計の構成に人

間の活動成分を持ち込んでフィクションをつくり出し解釈することになる。これは古典論理学の仮言的推論一般にかかわる重要な機能である（箱を指差して「もしこれが本だとすると，ほかの本はどれ？」のようなクイズに応答させることが必要だが，まだMLASでは実現できていない）。

重要な問題はまだあるが，紙数が予定をオーバーしているのでここで議論を打ち切ることにする。関心のある読者は（須賀・久野, 2001；http://www10.ocn.ne.jp/~mlas/）をご参照願いたい。

## 引用・参考文献

Bennett-Levy, J., Butler, G., Fennell, M., Hackman, A., Mueller, M., & Westbrook, D. 2004 *Oxford Guide to Behavioural Experiments in Cognitive Therapy*. Oxford University Press.

Chomsky, N. 1968 *Language and Mind*. Harcourt Brace Jovanovich.

Chomsky, N. 1986 *Knowledge of Language*. Praeger.

Cumming, J. 1972 *Encyclopedia of Psychology*. Search Press.

Eysenck, M. W. 2004 *Psychology: An International Perspective*. Psychology Press.

Freeman, N. & Janikoun, R. 1972 Intllectual realism in children's drawings of a familiar object with distinctive features, *Child Development*, **43**, 1116-1121.

藤永 保 2001 ことばはどこで育つか 大修館書店

Goodheart, C. D., Kazdin, A. E., & Sternberg R. J. 2006 *Evidence-Based Psychotherapy: Where Practice and Research Meet*. Americal Psychological Association.

Horgan, J. 1966 *The End of Science*. Addison Wesley Longman. 竹内 薫 (訳) 1997 科学の終焉 徳間書店

石坂千春 2009 宇宙がわかる 技術評論社

河野守男 (編) 2007 ことばと認知のしくみ 三省堂

Kukla, A. 2001 *Method of Theoretical Psychology*. Bradford Books. 羽生義正 (編訳) 2005 理論心理学の方法——論理・哲学的アプローチ 北大路書房

Lakatos, I. 1970 Falsification and Methodology of Scientific Research Programmes., I. Lakatos & A. Masgrave (Eds.) *Criticism and the Growth of Knowledge*, Cambridge Univ. Press, 91-196,

Lipsey, M. W. & Wilson, D. B. 1993 The efficacy of psychological, educational, and behavioral treatment: Confirmation from meta-analysis. *American Psychologist,* **48**, 1181- 1209.

Marcus, G. 2004 大隅典子 (訳) 2010 心を生み出す遺伝子 岩波書店

森川和則 2010 知覚心理学は右肩下がりか——38年間のトレンド 日本心理学会 (編) 心理学ワールド, **51**, 5-8.

二間瀬敏史 2005 なっとくする宇宙論 講談社

Pinker, S. 1994 *The Language Instinct*. Perenial Classics.

Reber, A. S. et al. 2009 *Penguin Dictionary of Psycholog*. Penguin Books.

Riesen, A. H. 1950 Studying perceptual development using the technique of sensory deprivation, *Journal of Nervous and Mental Disease*, **132**, 21-25.

Schultz, D.P. & Schultz, S.E. 2000 *A History of Modern Psychology*. Harcourt College Publishers.

Shapiro, A. K. & Shapiro, E. 1997 *The Powerful Placebo*. The Johns and Hopkins University Press.

Shepard, R. N. & Metzler, J. 1971 Mental rotation of three-dimensional objects, *Science*, **171**, 701-703.

下中邦彦（編） 1981 心理学事典 平凡社

Smith, M. L. & Glass, G. V. 1977 Meta-analysis of psychotherapy outcome studies. *American Psychologist*, **32**, 752-760.

須賀哲夫 1976 線描の発達 児童心理学の進歩 XV 金子書房

須賀哲夫 1980 知覚と論理―生まれつきとは何か 東京大学出版会

須賀哲夫 1986 理論心理学ノート お茶の水女子大学紀要, 165-200.

須賀哲夫 1989 理論心理学アドベンチャー 新曜社

Suga, T. 2004 Solving the Riddle of Language Acquisition: How to Design a Virtual Infant (MLAS), *Studies in Language Sciences* (3), Kurosio Publishers, 231-246.

須賀哲夫・久野雅樹（編） 2001 ヴァーチャル・インファント 北大路書房

田口雅徳 2001 幼児の描画行動に関する発達的研究―描画対象に関する知識は視覚的リアリズムを妨げるか？ 発達心理学研究, **12**, 206-215.

Tomasello, M. 2003 *Constructing a Language: A Usage-Based Theory of Language Acquisition*. 辻 幸夫・野村益寛・出原健一・菅井三実・鍋島弘治朗・森吉直子（訳） 2008 ことばをつくる 慶応義塾大学出版会

上田彩子・須賀哲夫 2006 顔の個人差が表情印象に及ぼす影響 顔学 vol.6.

Vandenbos, G. R. (Ed.) 2007 *APA Dictionary of Psychology*, American Psychological Association.

渡辺 明 2009 生成文法 東京大学出版会

Winograd, T. & Flores, F. 1986 *Understanding Computers and Cogniton*, Ablex Publishing Co.

やまだようこ 2010 新しい質的心理学の方法論を求めて 日本心理学会（編）心理学ワールド, **51**, 33-36.

# さくいん

● い
遺伝的規定　24, 31
遺伝的な行動発現プログラム　23
一般文法書の記述　99
イベント　94, 114, 115

● う
ヴァーチャル・インファント　87, 122
ウィノグラード　113, 116
ウェット・サイコロジー　9
上に有界　45
宇宙原理　10, 29
宇宙の果て　10
「美しい」問題　117

● え
S-R 理論　22
MLAS（エムラス）　40, 81, 85-120

● お
音韻の置換　50

● か
概念形成　83, 84
科学一般　7
科学者の仕事　21
科学的心理学（の定義）9, 13, 16-18, 22, 25, 57, 79
係り結び関係　99, 102, 103

確証と反証の非対称性　58
核心部と辺縁部　117
仮言的推論　120
過剰一般化　101
仮説とその実験的検証　4, 30
カテゴリー化（理解）　89
可付番無限　26, 33, 43, 44
感覚遮断　14
還元不能性（の基準）　23, 27, 30, 45
間主観的一致　74
関連問題群　61

● き
幾何光学的問題　96
帰納的な思考　26
きびしそうなタイプ　54
ギブソン　22, 46
基本文型　82
偽薬（プラシボ）効果　76
キャリブレーション　56, 57, 96
共通性　83, 84, 97-99, 106, 107
共通性抽出・差異分離　84
曲率制御　52

● く
クークラ　18, 19, 78
クワインのパラドックス　83

●け

ケアテイカー　　91, 93
ケース研究　　78
言語獲得　　32, 82-87, 119
言語学習の様式　　42
言語的直観　　85, 100
言語本能をもたないモノ　　39, 81
検証（反証）実験　　10-12
原理の体系　　58

●こ

行動実験　　68, 70
合理性　　117
語句抽出関数　　105
誤データの混在　　106
語の並べ替えクイズ　　105
コネクショニスト　　22, 38
コネクタ　　111
コーパス　　99, 104, 105, 110, 111, 117

●さ

再帰的思考　　26
最大対比の原理　　46, 51, 53
最長（語，文，寿命）　　44, 45
細胞集成体　　22
サール　　90
三原色説　　58

●し

シェパード　　2-4, 17
刺激貧困説　　106
自己実現　　67
事後的な認証　　72

自然淘汰理論　　59, 60
自然発生（問題の〜）　　6, 16
事前の言語知識　　89, 99, 106
実験心理学　　1, 8, 9, 13, 57, 65
実世界−心的世界の同型性　　4
実用的意味　　113
児童画　　11, 46, 47, 52
ジフの法則　　111
社会的期待度　　10
社会的評価による検証　　73
従属変数　　14, 15
種特異的な特性　　23
習得のからくり　　39
照応表現　　34-36, 38, 81, 82, 84, 103
順応　　22, 56
進化論　　16, 61
人工知能　　22, 38
深層構造　　101
心的回転　　1, 2, 4, 13-15, 17
心理言語学（者）　　34, 35, 51, 84, 86, 87, 89
SHRDLU　　86

●す

スキナー　　22, 74
スクリプト　　84, 101, 106-113, 115, 117-119
スクリプト基盤の意味　　84, 108, 113, 114, 117, 118
図式　　3, 49-54
図式の組み合わせ　　52
ストーリーの定義　　94
スーパードライ・サイコロジー　　9

● せ

齐一性の基準　23-25, 27, 30, 45
生活世界（MLASの〜）　90-93, 97
生活経験（MLASの〜）　89, 90, 92-94, 99, 106
静止画像　54
性・数変化　102
世界変化の系列　93
生成変形文法　35
生直後に発現（の基準）　24
節点間結合　106
ゼロ状態　100
前記号活動　47

● そ

束縛原理　34-36, 102

● た

対処（できる，できない）問題　6, 7, 15, 16, 47, 57
第二次性徴　24
対比効果　50
対話パタン　107
ダーウィン　59-61, 63
多言語獲得システム（MLAS）　85
ダブルイベント　114, 115
単一語句差異の原理　36, 84, 99-103
単一条件での観察　14

● ち

秩序の構成　118
知的写実性　47
知識仮説　52, 53

注意の協調　37
中国語の部屋　90
聴覚的定位（音源の〜）　25
直観的知識（ことばの〜）　32, 33
直和分割　61, 118
チョムスキー　29-36, 38, 40, 44, 68, 74, 82, 84-86, 89, 101, 102, 106, 117
チンパンジー　35-88, 40

● て

定量的測定　14
電話相談室　7, 10

● と

等カテゴリーの定義　100
統語の学習　99
特異性原理　108-111
特殊化された予測　58, 60
独立性の基準　23
独立変数　14
「時計さんが言いました」問題　119
トートロジ　60
トマセロ　36, 37, 84, 89
ドライ・サイコロジー　9

● な

内部矛盾　63
内観　65, 73, 74, 78, 79, 85, 115
なぐりがき　46, 47, 49
喃語　47

● に

二足歩行　24

さくいん　125

日常人（的問題） 5-9, 16, 17, 21, 30, 34, 37, 38, 47, 54, 56, 57, 61-65, 71, 78, 85, 87, 89, 117
日常人のネグレクト 64
日常人の根問い 85, 87, 89
ニュートン 60, 61, 63, 72
人間研究の2つの立場 100
人称変化 102, 103
認知行動療法（CBT） 68

● は
パイロット・スタディ 4, 14
パーセプトロン 22
パタン認識 37, 38, 86, 89, 93, 119
発生的認識論 22
バビンスキー反射 24
反証実験 39, 43
反証主義 57-59, 61-63
反対色説 58
万能理論 62
反復適用 44

● ひ
ピアジェ 22, 47
非指示的療法 67
ヒューマニスティック・サイコロジー（HP） 67, 68
表情形成 25, 26
表情理解（検出） 25, 26
ヒルガード 60
ピンカー 31, 35, 40, 44, 88
敏感期 11, 41-43, 90
頻度原理 104, 106-108, 117

● ふ
不関問題群 61
複数ユニット 113, 116
普遍文法 32, 35, 36, 86, 117
プライベートな理論検証 72, 73
フレーム問題 95, 101
フロイド 22, 58, 67, 71-73, 78, 79
文構成機能 110
文法カテゴリー 99, 111
文脈依存的処理 113

● へ
平均的特性 119
ベルナール 78
遍在性原理 108, 110
弁別能力 50

● ほ
ホーガン 31, 35
ポパー 59
ボルヘス 28

● ま
マーカス 27
マズロー 67, 73
まなざしの交換 24

● み
未設定事項問題 95
ミラーニューロン 26

● め
めざましい事実 21

めざましい理論的説明　22
メタ・アナリティック　76-78
目盛りあわせ　22, 56

●も
モノの構造　48
モノの機能　48

●や
ヤーコブソン　51
やさしそうなタイプ　54

●ゆ
有限集合　45, 101

●よ
「よい形」　119
養育者（MLASの〜）　91, 94, 95

●ら
ラカトシュ　60
「埒もない」問題　116

●り
リカーシブな思考　27, 28
リュケ　47, 48
理論家集団　64
理論の棲み分け　61, 62
理論の要件　61, 63
臨界期　11, 41, 42
臨床心理学　1, 9, 57, 65, 66
リンネの系統樹　117

●る
類人猿　81

●れ
レティネックス説　58

●ろ
ロジャーズ　67, 73, 74, 78
ロボット　39, 85, 95, 96, 117
論理実証主義　22

## あとがき

　日本女子大学定年間際に幸いにもわたしが論文指導にかかわることができた上田彩子博士をはじめ，在職中論文指導などで個々に親しんだ卒業生の多くの方々から受けた励ましのおかげで本書を書くことができた。記して深甚の謝意を表したい。また，永きにわたって，わたしの研究に注目を与えてくれるというかたちで協力してくださった久野雅樹，牧岡省吾，河原哲雄，山口陽弘，大城宜武の諸先生方に感謝の気持ちを表する。そしてわたしの著述を快く出版してくださる，関一明社長ならびに薄木敏之氏のお二方をはじめ北大路書房のみなさまのご寛容に（知り合った幸運にあらためて驚きながら）感謝をささげるものである。とりわけ薄木氏には本書の草稿を詳細にご点検いただき，構成上の欠点をご指摘のうえ，改善の方策を授けていただいた。これにより全体の構成が著しく改善されたことをこころからありがたく思っている。いうまでもないことだが，なお残る読みにくさの責任はあげてわたしに帰せられるべきものである。

　わたしとしては，本書の出版には副次的なねらいがある。それはわたし自身の言語研究を世に問うということである。この仕事は（もし力があるならば）いずれ英語化してネットにアップするつもりでいる。英語でネットにアップすると世界中から圧倒されるような反響があり驚かされるが，そのなかに日本人の反響が1％もないのはたいへん興味深い謎である。日本語で出すとどういうことになるのだろうか。あとがきに添えて，私的な感想を記した。

【著者紹介】

## 須賀哲夫（すが・てつお）

1940年、茨城県生まれ。
1968年、東京大学大学院人文科学研究科博士課程単位取得退学。
元日本女子大学人間社会学部教授。
専門は認知科学，言語科学。
おもな著訳書に『知覚と論理』（東京大学出版会），『理論心理学アドベンチャー』（新曜社），『顔立ちとパーソナリティ』（北大路書房），『相貌心理学序説』（共訳；北大路書房），『ヒトらしさとは何か』，『ものの見方を見る見方』（以上共著；北大路書房），グザヴィエ・スロン『認知神経心理学』，ドラクール『脳はこころである』（共訳；白水社）ほかがある。

## 実験心理学をリフォームする
― 理論心理学からの提言 ―

| 2011 年 3 月 30 日　初版第 1 刷印刷 | ＊定価はカバーに表 |
|---|---|
| 2011 年 4 月 10 日　初版第 1 刷発行 | 示してあります。 |

著　者　須　賀　哲　夫
発行所　㈱北大路書房

〒 603-8303　京都市北区紫野十二坊町 12-8
電　話　（075）431-0361 ㈹
Ｆ Ａ Ｘ　（075）431-9393
振　替　01050-4-2083

© 2011　　制作／ T.M.H.　　印刷・製本／モリモト印刷 ㈱
検印省略　落丁・乱丁本はお取り替えいたします。
ISBN978-4-7628-2753-2　　　　Printed in Japan